KB188952

회복의 빛 예수

회복의 빛 예수

지은이 | 안희묵
초판 발행 | 2022. 6. 22.
등록번호 | 제1988-000080호
등록된 곳 | 서울특별시 용산구 서빙고로 65길 38
발행처 | 사단법인 두란노서원
영업부 | 2078-3352   FAX | 080-749-3705
출판부 | 2078-3331

책값은 뒤표지에 있습니다.
ISBN 978-89-531-4230-5 03230

독자의 의견을 기다립니다.
tpress@duranno.com   www.duranno.com

두란노서원은 바울 사도가 3차 전도여행 때 에베소에서 성령 받은 제자들을 따로 세워 하나님의 말씀으로 양육하던 장소입니다. 사도행전 19장 8-20절의 정신에 따라 첫째 목회자를 돕는 사역과 평신도를 훈련시키는 사역, 둘째 세계선교(TIM)와 문서선교(단행본·잡지) 사역, 셋째 예수문화 및 경배와 찬양 사역, 그리고 가정·상담 사역 등을 감당하고 있습니다. 1980년 12월 22일에 창립된 두란노서원은 주님 오실 때까지 이 사역들을 계속할 것입니다.

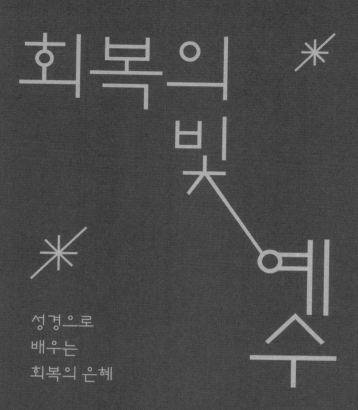

회복의 빛 예수

성경으로
배우는
회복의 은혜

안희묵 지음

두란노

차례

- 1
부
-

새로운 회복을
꿈꾸다

새로운 회복을
준비하라

어느 날 불청객으로 찾아온 코로나19 전염병으로 일상의 삶이
무너졌습니다. 방역을 위한 사회적 거리 두기로 관계가 멀어졌
고, 사람들 안에 웃음기가 사라졌습니다. 그 결과 서로에 대한
의심과 두려운 마음이 역류하는 하수구처럼 올라왔습니다. 교
회는 문을 닫았고, 현장 예배는 중단되었습니다. 그러다 보니
성도들의 믿음이 흔들리기 시작했고, 섬김이 중단되었습니다.
이러한 시간이 길어지면서 일상의 불편함은 불안과 염려의 씨
앗이 되었습니다.

　사회적, 경제적, 영적 암흑의 시대 속에서 너무나도 당황스러
웠던 그때, 주님의 말씀이 위로가 되었습니다. 거친 풍랑이 몰
아치는 갈릴리 바다 한복판에서 사투를 벌이던 제자들에게 주
님이 찾아오셨습니다. 그리고 두려워하는 제자들에게 이렇게
말씀하셨습니다. "나니 두려워하지 말라"(마 14:27).

문제는 우리가 처한 상황이나 환경이 아닙니다. 주님이 나와 함께 계시느냐, 이것이 중요합니다. 주님이 새로운 회복의 시작이십니다. 두렵고 힘겨운 상황에 직면했어도 새로운 회복의 시작인 주님이 우리와 함께하신다면 두려워할 이유가 없습니다. 새로운 회복은 주어지는 것이 아닙니다. 깨닫는 것입니다. 발견하는 것입니다.

이 책은 이런 영적 깨달음으로 (멀티)꿈의교회 성도들과 함께 주일에 나눈 말씀을 정리해서 엮은 것입니다. 새로운 회복의 시작인 예수 그리스도가 우리에게 오셨습니다. 이제는 새로운 회복을 회복시켜야 합니다. 회복은 우리에 대한 예수님의 마음입니다. 주님과 깨어진 관계를 회복해야 합니다. 주님의 몸 된 교회에 대한 열정을 회복해야 합니다. 예배를 회복하고, 기도를 회복하고, 사랑을 회복해야 합니다.

새로운 회복은 우리를 향한 주님의 명령입니다. 간절한 호소입니다. 새로운 회복은 이미 시작되었습니다. 우리는 주님이 예비하신 새로운 회복을 발견하고 누려야 합니다. 저는 이 책이 새로운 회복을 소망하는 성도들에게 온전한 회복, 완전한 회복, 이전에 경험하지 못한 새로운 회복의 시작이 되기를 소망합니다.

이 책을 내면서 감사한 분들이 있습니다. 어려운 시기에 믿음의 남은 자로 함께해 준 꿈의교회 성도들과, 누구도 경험해 보지 못한 암울한 상황 속에서 충성스럽게 섬겨 준 믿음의 동지, 꿈의교회 교직원들에게 감사합니다. 또한 이 책이 나올 수 있도록 기획하고 교정해 준 윤홍경 목사님과 성실하게 책을 만들어 준 두란노서원에 감사드립니다. 특별히 지칠 때마다 긍정 에너지로 용기를 준 아내와 우울할 때 존재의 기쁨을 선사해 준 손녀 제니에게 감사한 마음을 전합니다. 무엇보다 제 인생의 존재 이유와 존재 목적과 존재 가치가 되시는 나의 아버지 하나님께 모든 영광과 감사를 올려 드립니다.

2022년 6월
안희묵

1부

새로운 회복을

꿈꾸다

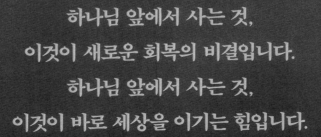

하나님 앞에서 사는 것,
이것이 새로운 회복의 비결입니다.
하나님 앞에서 사는 것,
이것이 바로 세상을 이기는 힘입니다.

❶

**사가랴처럼
하나님 앞에서 사는 법**

회복은 하나님으로부터 시작된다

눅 1:1-13

새해가 되면 바뀌는 것들이 있습니다. 가장 먼저는 달력이 바뀌고, 마음 아프게도 나이가 바뀝니다. 2022년을 기준으로 우리 생활과 밀접한 정부 정책들도 304건이나 바뀌었습니다. 대표적인 예로, 최저 임금이 9,160원으로 인상되었습니다. 육아 휴직 제도도 바뀌었고, 재활용 쓰레기 배출 표시도 보다 쉽게 바뀌었습니다. 횡단보도에서 우회전 시 보행자 신호를 무시하면 과태료와 보험료도 할증되기 때문에 반드시 일단 멈춤을 해야 합니다. 이처럼 새해가 되면 많은 것이 바뀝니다.

그런데 우리를 괴롭고 힘들게 하는 환경은 바뀌지 않았습니다. 우리 마음을 무겁게 하고 가슴을 답답하게 만드는 문제도 해결되지 않았습니다. 우리가 처한 상황은 아무것도 바뀐 것이 없습니다. 사가랴도 그랬습니다. 마음으로는 메시아를 기대하며 회복을 기도하고 있었지만, 사가랴의 환경과 상황은 변한 것이 하나도 없었습니다. 여전히 로마의 지배와 헤롯의 폭정으로 버려진 민족처럼 고통을 당했습니다. 영적으로도 구약의 마지막 선지자인 말라기 선지자 이후 거의 400년 동안 하나님의 말씀을 전하는 선지자가 나타나지 않았습니다. 당시 이스라엘은 영적, 육적, 사회적, 국가적으로 암흑기였습니다.

그러나 실망하지 마십시오. 새로운 회복은 이미 시작되었습니다. 참담한 상황에도 하나님의 역사는 진행되고 있었습니다. 사람들은 알지 못했지만, 전능하신 하나님은 그들을 위해 일하고 계셨습니다.

바둑을 두는 사람이라면 알 것입니다. 하수는 당장 눈앞에 있는 것만 먹으려고 서두르다 낭패를 보지만, 고수는 몇 수 앞을 내다보고 포석을 합니다. 하수들은 고수가 왜 엉뚱한 곳에 두는지를 알지 못합니다. 마찬가지입니다. 미천하고 어리석은 우리는 아무것도 알 수 없습니다. 하지만 전능하신 하나님은 이미 우리를 위해 새로운 회복을 시작하셨습니다.

"엘리사벳이 잉태를 못 하므로 그들에게 자식이 없고 두 사람의 나이가 많더라 … 이후에 그의 아내 엘리사벳이 잉태하고"(눅 1:7, 24).

엘리사벳뿐 아니라 처녀 마리아에게도 천사가 나타났습니다.

"천사 가브리엘이 … 다윗의 자손 요셉이라 하는 사람과 약혼한
처녀에게 이르니 그 처녀의 이름은 마리아라 그에게 들어가 이르
되 … 보라 네가 잉태하여 아들을 낳으리니 그 이름을 예수라 하
라"(눅 1:26-28, 31).

당시 사람들은 대체 무슨 일이 일어나고 있었는지, 하나님이
어떤 엄청난 일을 시작하고 계셨는지 전혀 알지 못했습니다. 하
지만 하나님은 세상을 위해 이미 새로운 회복을 시작하셨습니다.
이 엄청나고 놀라운 사건은 신화나 허구가 아닙니다. 꾸며 낸
이야기가 아니라, 역사적 사실입니다. 이것은 하나님이 우리를
위해 행하시는 새로운 회복 역시 사실이고 실재라는 의미입니
다. 그래서 의사였던 누가는 자신이 보고 듣고 경험한 이 모든
것이 역사적 사실임을 증거하기 위해 당시 로마 황제가 누구인
지, 유대 총독은 누구이며 어떤 사건이 있었는지를 그대로 기록
했습니다.

"우리 중에 이루어진 사실에 대하여 처음부터 목격자와 말씀의
일꾼 된 자들이 전하여 준 그대로"(눅 1:1-2).

우리 믿음은 허상이 아닙니다. 바라는 것들의 실상이고, 보이지 않는 것들의 증거입니다. 마찬가지로 새로운 회복 또한 분명한 사실입니다. 하나님이 우리를 위해 이미 시작하신 새로운 회복을 경험하기 위해서는 어떻게 해야 할까요?

하나님 앞에서 살라

"유대 왕 헤롯 때에 아비야 반열에 제사장 한 사람이 있었으니 이름은 사가랴요 그의 아내는 아론의 자손이니 이름은 엘리사벳이라 이 두 사람이 하나님 앞에 의인이니 주의 모든 계명과 규례대로 흠이 없이 행하더라"(눅 1:5-6).

본문에 등장하는 두 사람, 사가랴와 그의 아내 엘리사벳은 하나님 앞에서 의인이었습니다. '하나님 앞에서'라는 말은 히브리어로 '파님'(פנים)이라 하는데, 이는 '얼굴'을 의미합니다. 이들 부부는 하나님의 존재를 의식하며 살았다는 것입니다. 비록 이 두 사람은 인간적으로 내세울 것이 없고 세상적으로 부족한 것이 많았어도, 범사에 하나님을 경외하고 항상 하나님을 의식하며 살았습니다. 하나님 앞에 있는 것처럼 살았습니다.

하나님은 당신 앞에서 살았던 이 둘을 의롭게 여기셨습니다.

하나님 앞에서 사는 것, 이것이 새로운 회복의 비결입니다. 하나님 앞에서 사는 것, 이것이 바로 세상을 이기는 힘입니다. 그래서 종교 개혁자 마틴 루터(Martin Luther)는 '코람 데오'(Coram Deo)를 강조했습니다. '코람 데오'는 라틴어로서 '코람'은 '앞에서', '데오'는 '하나님'이라는 뜻입니다. 루터는 '하나님 앞에서' 하나님을 의식하며 살았습니다. 그가 쓴 책을 보면 곳곳에 '코람 데오'라고 적혀 있습니다.

사실 당시 마틴 루터는 종교 개혁을 막았던 절대 권력 앞에서 무너질 뻔했고, 때로는 극심한 두려움에 떨었습니다. 생각해 보십시오. 당시 그의 주장은 거의 천 년이나 변하지 않고 유지되던 사회, 정치, 문화, 종교를 뒤집어 버리는 혁명이었습니다. 계란으로 바위를 치는 것처럼 무모한 일이었습니다. 그러니 얼마나 두렵고 떨렸겠습니까? 그런데 그는 사람을 의식하지 않았습니다. 오직 믿음으로 구원을 얻는다는 하나님의 말씀을 선포했습니다. 결국 자신이 처한 상황이나 환경을 보고 낙심하지 않았던 사람, 하나님만 의식하며 하나님 앞에서 살기를 결단했던 한 사람에 의해 오늘날 수많은 사람이 구원을 얻게 된 것입니다.

사람을 의식하지 말고 오직 하나님만 의식하며 살기로 결단하십시오. 하나님 앞에서 살고, 하나님 앞에서 행하기로 결심하십시오. 그래야 이미 시작된 새로운 회복이 이루어집니다. 하나님 앞에서 살기를 원하지 않으면, 실패한 인생을 살게 됩니다.

성경에 보면 하나님께 택함 받았지만 하나님 앞에서 살기를 거부해 버림받은 대표적인 사람이 소개됩니다. 바로 사울 왕입니다. 사무엘상 15장에 보면, 하나님은 사울 왕에게 아말렉을 쳐서 그들의 소유를 하나도 남기지 말고 완전히 진멸하라고 명령하셨습니다. 그런데 사울 왕은 하나님의 명령을 따르지 않고, 좋은 것은 남기고 하찮은 것들만 진멸했습니다(삼상 15:9). 대체 왜 그랬을까요?

사울 왕은 하나님을 의식하지 않았고, 하나님 앞에서 행하지 않았습니다. 하나님보다 사람들을 더 의식했습니다.

"내가 여호와의 명령과 당신의 말씀을 어긴 것은 내가 백성을 두려워하여 그들의 말을 청종하였음이니이다"(삼상 15:24).

이것이 하나님이 사울을 버리신 결정적 이유였습니다. 그는 하나님 앞에서 살거나 하나님의 말씀을 따르지 않았습니다. 그는 사람을 의식했고, 사람들의 말을 듣고 결정했습니다. 사울 왕은 하나님의 종이 아니라 사람의 종이었던 것입니다. 바울은 이렇게 말했습니다.

"이제 내가 사람들에게 좋게 하랴 하나님께 좋게 하랴 사람들에게 기쁨을 구하랴 내가 지금까지 사람들의 기쁨을 구하였다면 그리스도의 종이 아니니라"(갈 1:10).

우리는 하나님 앞에서 사는 자가 되어 새로운 회복의 주인공이 되어야 합니다. 사람을 의식하는 자가 아니라 하나님을 의식하는 자가 되십시오. 하나님 앞에서 살기로 결단하십시오.

오늘날 어떤 성도들은 하나님 앞에서 사는 믿음보다 돈이 더 중요하다고 생각합니다. 시몬이라는 사람이 그랬습니다. 그는 돈으로 성령 충만을 사겠다고 제안했다가 큰 책망을 받았습니다.

"베드로가 이르되 네가 하나님의 선물을 돈 주고 살 줄로 생각하였으니 네 은과 네가 함께 망할지어다"(행 8:20).

성령 충만이나 새로운 회복은 돈으로 살 수 있는 것이 아닙니다. 우리를 돌보고 위하시는 하나님의 새로운 회복은 오직 하나님을 의식하고 하나님 앞에서 살 때 주어지는 영적 선물입니다. 그래서 성경은 이렇게 말씀합니다.

"너희 마음을 굳건하게 하시고 우리 주 예수께서 그의 모든 성도와 함께 강림하실 때에 하나님 우리 아버지 앞에서 거룩함에 흠이 없게 하시기를 원하노라"(살전 3:13).

사람이 보기에 멋진 인생이 아니라, 하나님께서 보시기에 거룩한 성도로 살아가십시오. 우리가 하나님 앞에서 살면 새로운 회복의 역사가 일어납니다. 우리가 하나님 앞에서 살면 놀라운 일이 일어납니다. 다니엘을 보십시오. 그는 하나님 앞에서 사는 믿음 때문에 죽을 위험에 처했습니다. 그럼에도 그는 하루 세 번, 하나님께 감사의 기도를 드렸습니다.

"그들이 왕 앞에서 말하여 이르되 왕이여 사로잡혀 온 유다 자손 중에 다니엘이 왕과 왕의 도장이 찍힌 금령을 존중하지 아니하고 하루 세 번씩 기도하나이다 하니"(단 6:13).

그래서 어떤 일이 생겼습니까? 전능하신 하나님의 능력으로 사자 굴에서 구원받고 새롭게 회복되었습니다. 하나님 앞에서 산 결과로 모든 사람이 하나님이 어떤 분이신지를 알게 되었습니다.

"내가 이제 조서를 내리노라 내 나라 관할 아래에 있는 사람들은 다 다니엘의 하나님 앞에서 떨며 두려워할지니 그는 살아 계시는 하나님이시요 영원히 변하지 않으실 이시며 그의 나라는 멸망하지 아니할 것이요 그의 권세는 무궁할 것이며 그는 구원도 하시며 건져 내기도 하시며 하늘에서든지 땅에서든지 이적과 기사를 행하시는 이로서 다니엘을 구원하여 사자의 입에서 벗어나게 하셨음이라"(단 6:26-27).

할렐루야! 하나님은 이런 분이십니다. 하나님은 당신 앞에서 사는 자에게 기이한 능력으로 당신의 영광이 되게 하십니다. 새로운 회복의 주인공이 되게 하십니다. 저는 우리 모두가 하나님 앞에서 사는 자가 되어 우리를 위해 일하시는 전능하신 하나님의 능력으로 이미 시작된 새로운 회복을 누리게 되기를 바랍니다.

하나님을 위해서 살라

"마침 사가랴가 그 반열의 차례대로 하나님 앞에서 제사장의 직무를 행할새 제사장의 전례를 따라 제비를 뽑아 주의 성전에 들어가 분향하고"(눅 1:8-9).

사가랴는 차례를 따라 하나님 앞에서 제사장의 직무를 감당했습니다. 제사장의 직무는 백성을 대신해서 하나님을 섬기는 것입니다. 모든 부분에서 백성에게 모범이 되어야 하는 사람입니다. 그런데 사가랴와 엘리사벳에게는 나이가 들

없었습니다. 유대인들은 자녀를 하나님의 복과 기업으로 믿었기에 자녀가 없다는 것은 대단한 수치였고, 죄의 형벌이라고 여겼습니다.

유대 랍비들이 '사람이 하나님 앞에서 파문당할 수 있는 일곱 가지 유형'을 기록한 목록이 있습니다. 그 안에는 '유대인이면서 아내가 없고, 또 아내가 있으면서도 자식이 없는 사람'이 포함되어 있습니다. 그래서 자식이 없는 것은 합법적인 이혼 사유가 되었습니다. 신앙적으로 문제가 있는 사람처럼 취급되었습니다. 이런 상황에서 하나님을 위한 제사장의 직무를 감당하고 싶은 마음이 들었겠습니까? 하지만 사가랴 부부는 이렇게 절망적이고 슬픈 상황 속에서도 하나님에 대한 믿음을 잃지 않았습니다. 그들은 하나님을 원망하지 않고 주어진 믿음의 자리, 섬김의 자리를 묵묵히 지켰습니다. 하나님은 이렇게 당신을 위해 살던 사가랴와 엘리사벳을 축복의 통로로 사용하셨습니다.

하나님의 은혜를 아는 사람, 예수 그리스도를 만난 사람은 하나님을 위해 삽니다. 삭개오를 보십시오. 그는 동족에게 비난을 당할 정도로 돈을 위해 살았습니다. 키가 작았던 삭개오는 오직 돈과 성공만이 자신의 콤플렉스를 가릴 수 있다고 생각했던 것 같습니다. 그랬던 그가 예수님을 만나자 인생이 완전히 바뀌었습니다. 자신을 찾아오신 예수님을 만나 새로운 회복을 경험한 삭개오는 더 이상 돈을 위해 살지 않고, 주를 위해 살기로 결단했습니다. 김영봉 목사는 《그분이 내 안에, 내가 그분 안에》(홍성사)에서 이렇게 말했습니다.

> 그분을 제대로 만나 알면 믿음의 주체가 바뀐다. 그분을 만나기 전에는 믿음의 주체가 '나'이다. 내가 믿는 믿음이요, 나를 위한 믿음이었다. 평안을 얻기 위한 믿음이었고, 구원받기 위한 믿음이었으며, 축복받기 위한 믿음이었다. 반면, 육신을 입고 오신 그분이 "태초부터 있는 생명의 말씀"이라는 사실을 체험을 통해 알고 나면, '나를 위한 믿음'에서 '그분을 위한 믿음'으로 뒤집어진다.

당신은 지금 누구를 위해, 또 무엇을 위해 살고 있습니까? 구주 되신 예수님을 믿으면서도 여전히 돈을 위해, 자신을 위해 살고 있지는 않습니까? 세상 욕심과 욕망을 위해 살고 있지는 않습니까? 때로는 인생이 우리가 원하는 대로 흘러가지 않아도, 우리는 우리를 구원하고 제사장으로 삼으신 하나님을 위해 살아야 합니다. 성경은 이렇게 말씀합니다.

> "우리를 사랑하사 그의 피로 우리 죄에서 우리를 해방하시고 그의 아버지 하나님을 위하여 우리를 나라와 제사장으로 삼으신 그에게 영광과 능력이 세세토록 있기를 원하노라 아멘"(계 1:5-6).

우리는 하나님이 주신 모든 것을 거룩한 도구로 삼아 하나님을 섬기는 제사장으로 하나님을 위해 살아야 합니다. 하나님의 영광을 위해 살고, 하나님을 위해 살아야 합니다. 이것이 우리를 구원하신 하나님의 목적이기 때문입니다. 성경은 우리가 누구인지, 무엇을 위해 살아야 하는지에 대해 분명히 말씀합니다.

"너희는 택하신 족속이요 왕 같은 제사장들이요 거룩한 나라요 그의 소유가 된 백성이니 이는 너희를 어두운 데서 불러내어 그의 기이한 빛에 들어가게 하신 이의 아름다운 덕을 선포하게 하려 하심이라"(벧전 2:9).

우리는 죽지 못해 사는 존재가 아닙니다. 먹기 위해 사는 존재도 아닙니다. 하나님을 섬기는 영화로운 목적을 위해 사는 존재입니다. 우리는 자신을 위해서가 아니라, 하나님을 위해 살아야 합니다. 로마서 14장 8절에 나오는 사도 바울의 고백처럼, "우리가 살아도 주를 위하여 살고 죽어도 주를 위하여 죽나니 그러므로 사나 죽으나 우리가 주의 것"이라는 믿음으로 살아야 합니다.

▼

서두에 말한 것처럼 모든 하나님의 역사는 분명한 사실입니다. 누가가 누가복음을 기록한 목적도 하나님을 아는 사람이 복음을 더 확실히 알고 새로운 회복을 누리게 하기 위함이었습니다.

'사가랴'의 뜻은 '여호와께서 기억하셨다'입니다. 하나님은 당신 앞에서, 당신을 위해서 삶을 산 사가랴를 잊지 않고 돌아보셨습니다. 새로운 회복의 은혜를 누리게 하셨습니다. 그래서 사가랴는 이렇게 하나님을 찬양합니다.

"주께서 나를 돌보시는 날에 사람들 앞에서 내 부끄러움을 없게 하시려고 이렇게 행하심이라 하더라"(눅 1:25).

하나님은 사가랴의 가정이 겪고 있는 고통과 결핍을 기쁨과 충만으로 회복시켜 주셨습니다. 그들의 수치를 거룩한 명예로 회복시켜 주셨습니다. 그의 아들은 하나님 앞에서 가장 큰 자가 되었습니다.

사가랴처럼 하나님 앞에서 살고, 하나님을 위해 살아가는 그리스도인이 되십시오. 그러면 새로운 회복을 누리는 축복의 주인공이 될 것입니다.

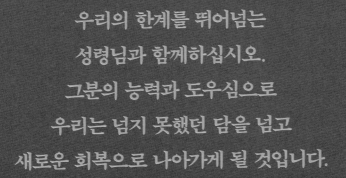

우리의 한계를 뛰어넘는
성령님과 함께하십시오.
그분의 능력과 도우심으로
우리는 넘지 못했던 담을 넘고
새로운 회복으로 나아가게 될 것입니다.

❷
**마리아처럼
은혜를 사모하는 법**

성령님과 함께 회복의 아침을 맞으라

눅 1:26-38

많은 그리스도인이 한 해를 보내고 새해를 맞이하는 송구영신 예배 때 말씀 카드를 뽑습니다. 올해 제가 뽑은 말씀은 출애굽기 35장 31절입니다.

"하나님의 영을 그에게 충만하게 하여 지혜와 총명과 지식으로 여러 가지 일을 하게 하시되?"

저는 이 말씀을 붙잡고 "하나님의 영을 그에게 충만하게 하여"라는 말씀처럼 성령 충만하기를 간절히 기도하고 있습니다. 그런데 혹시 말씀 카드를 받고 나서 '나는 이 말씀대로 되지 않길 바란다'라고 생각하는 사람이 있을까요? 아마 없을 것입니다. 대부분은 그 말씀이 꼭 이뤄지기를 원할 것입니다. 하지만 받은 말씀의 내용이 이런 것이라면 우리는 어떻게 반응하게 될까요?

"또 재산과 소유를 팔아 각 사람의 필요를 따라 나눠 주며 날마다 마음을 같이하여 성전에 모이기를 힘쓰고 집에서 떡을 떼며 기쁨과 순전한 마음으로 음식을 먹고"(행 2:45-46).

"너희 중의 누구든지 자기의 모든 소유를 버리지 아니하면 능히 내 제자가 되지 못하리라"(눅 14:33).

이 같은 말씀을 받으면 우리는 아마 당황할 것입니다. 그런데 남자를 알지 못하는 처녀 마리아가 천사 가브리엘로부터 하나님의 말씀을 받았습니다. 그 내용은 너무나도 충격적이었습니다.

"보라 네가 잉태하여 아들을 낳으리니 그 이름을 예수라 하라"
(눅 1:31).

이 말씀을 받은 마리아의 심정은 어땠을까요?

"처녀가 그 말을 듣고 놀라 이런 인사가 어찌함인가 생각하매"
(눅 1:29).

'놀라다'는 헬라어로 '디아타랏소'(διαταράσσω)라 하는데, 이는 '매우 당황하다'라는 뜻입니다. 한마디로 마리아의 멘털(mental)이 나갔다는 것입니다. 멘붕 상황이라는 것입니다. 알다시피 당시 처녀가 임신을 했다는 소문이 나면 마을 사람들로부터 돌에 맞아 죽는 것이 예상된 일이었습니다. 그러니 마리아는 너무나도 두렵고 불안한 마음이었을 것입니다. 하지만 마리아는 이렇게 반응합니다.

> "마리아가 이르되 주의 여종이오니 말씀대로 내게 이루어지이다"(눅 1:38).

그렇습니다. 우리가 원하지 않는 일이거나 너무 당황스러운 말씀일지라도 하나님 말씀에 순종해야 새로운 회복이 이루어집니다. 마리아처럼 하나님 말씀을 믿고 수용해야 새로운 회복이 이루어집니다.

당신의 생각이나 기대와 다르더라도 하나님을 믿고 따르십시오. 하나님은 시대의 암흑을 뚫고 새로운 회복을 이루십니다. 하나님이 그렇게 하시는 이유는 무엇입니까?

우리는 하나님의 은혜를 받은 사람이다

"그에게 들어가 이르되 은혜를 받은 자여 평안할지어다 주께서 너와 함께하시도다 하니"(눅 1:28).

마리아가 온갖 수모를 당하고 죽을 수 있다는 것을 알면서도 하나님의 말씀을 수용한 것은 대단한 믿음입니다. 당시 사람들은 마리아가 '은혜'를 받은 것이 아니라 '천벌'을 받은 것이라고 생각했을 것입니다. 하지만 마리아는 천벌이 아니라 하나님의 은혜를 받았다고 믿었습니다. 마리아는 하나님이 비천한 자신을 통해 그동안 온 백성이 기다려 온 메시아를 탄생하게 하신다는 믿음을 가졌기 때문입니다.

사실 마리아의 고백처럼 그녀는 비천한 여인에 불과했습니다. 마리아가 살았던 나사렛은 이방 땅과 경계선에 있었습니다. 갈릴리지만 갈릴리 호수와 가까운 것도 아닌 애매한 지역이었습니다. 그래서 유대인들은 나사렛을 이방 땅으로 간주했고, 나사렛 사람을 경멸과 조롱의 대상으로 여겼습니다. 오죽하면 "나사렛에서 무슨 선한 것이 날 수 있느냐"(요 1:46)라고 말할 정도로 초라한 동네였습니다.

이런 곳에 살던 마리아는 출신 성분이 비천했습니다. 세상적으로 볼 때 하나님께 쓰임 받을 만한 자격이 없었습니다. 그래서 천사는 마리아에게 '은혜를 받은 자'라고 말하는 것입니다. 기억하십시오. 은혜가 답입니다. 알다시피 은혜는 받을 자격이 안 되는 사람에게 주시는 하나님의 선물입니다. 창세기 6장을 보십시오. 하나님이 홍수로 사람들을 심판하실 때 노아의 가정만 구원을 받았습니다. 이유가 무엇입니까?

"그러나 노아는 여호와께 은혜를 입었더라"(창 6:8).

노아는 하나님의 은혜를 입었기 때문에 구원받은 것입니다. 노아가 대단한 것이 아니라, '하나님의 은혜가 놀라운 것'입니다.

하나님의 은혜를 받은 사람에게는 새로운 회복이 이루어집니다. 우리의 높은 도덕적 기준과 선한 행위에 대한 보상 때문이 아니라, 자격 없고 부족한 우리에게 주시는 하나님의 은혜를 받을 때 새로운 회복이 이루어집니다. 그래서 우리는 한 해 동안 이렇게 기도해야 합니다.

'나의 자녀와 남편, 아내에게 하나님의 은혜가 임하게 하소서.'

'나의 인생과 사업과 직장에 하나님의 은혜가 임하게 하소서.'

'우리 교회와 민족에게 하나님의 은혜가 임하게 하소서.'

우리의 변화나 노력으로 새로운 회복이 이루어지는 것이 아닙니다. 하나님의 은혜가 임해야 합니다. 이것을 알았던 사도 바울은 이렇게 고백했습니다.

"내가 나 된 것은 하나님의 은혜로 된 것이니 내게 주신 그의 은혜가 헛되지 아니하여 내가 모든 사도보다 더 많이 수고하였으나 내가 한 것이 아니요 오직 나와 함께하신 하나님의 은혜로라"
(고전 15:10).

우리가 구원받은 것도 하나님의 은혜요, 우리가 새로운 피조물이 되고 우리 미래가 새로워지는 것도 다 하나님의 은혜입니다. 새로운 회복도 우리와 함께하시는 하나님의 은혜 때문에 이루어지는 것입니다.

"하나님의 은혜와 또한 한 사람 예수 그리스도의 은혜로 말미암은 선물은 많은 사람에게 넘쳤느니라"(롬 5:15).

우리가 은혜로 말미암아 받은 선물이 무엇입니까?

"은혜를 받은 자여 평안할지어다 주께서 너와 함께하시도다"
(눅 1:28).

사람들은 당면한 문제가 해결되고 일이 잘 풀리는 것을 은혜요, 복이라고 말합니다. 그러나 전능하신 하나님이 우리와 함께하시는 것이 진짜 은혜요, 주님이 우리와 함께하시는 것이 진정한 복입니다.

야곱이 바로에게 한 말처럼 우리도 험악한 세월을 살고 있습니다.

"우리 조상의 나그네 길의 연조에 미치지 못하나 험악한 세월을 보내었나이다"(창 47:9).

그 자신의 고백처럼 야곱은 험악한 인생을 살았습니다. 팥죽한 그릇 때문에 형에게 죽을 뻔하고, 그로 인해 가족과 고향을 떠나 도망해 낯선 곳에서 살아야 했습니다. 그는 브엘세바에서 하란까지 800킬로미터를 홀로 걸었습니다. 이는 서울과 부산을 왕복한 거리입니다. 겨우 삼촌 라반의 집에 도착해 함께 사는데, 세상에 믿을 사람 하나 없다고, 이번에는 삼촌이 갑질을 합니다. 노동력을 착취하고 사기 결혼을 시키는 등 너무나도 괴롭고 외로운 인생이 아닐 수 없습니다. 그러나 그가 15년이라는 긴 세월 동안 외로움과 괴로움을 견디고 이길 수 있었던 힘은 그와 함께하셨던 하나님에 대한 믿음에서 비롯되었습니다. 야곱은 떠나올 때 삼촌의 자녀들에게 이렇게 말합니다.

"내가 그대들의 아버지의 안색을 본즉 내게 대하여 전과 같지 아니하도다 그러할지라도 내 아버지의 하나님은 나와 함께 계셨느니라"(창 31:5).

언제부터 야곱에게 하나님이 함께하신다는 믿음이 생겼을까
요? 형 에서의 추격을 피해 도망치던 중에 머물렀던 벧엘에서
시작되었습니다. 야곱은 벧엘에서 돌을 베고 잘 때 영적인 경험
을 했습니다.

"내가 너와 함께 있어 네가 어디로 가든지 너를 지키며 너를 이끌
어 이 땅으로 돌아오게 할지라 내가 네게 허락한 것을 다 이루기
까지 너를 떠나지 아니하리라 하신지라"(창 28:15).

이때 잠에서 깬 야곱은 이렇게 고백합니다.

"여호와께서 과연 여기 계시거늘 내가 알지 못하였도다"(창 28:16).

야곱은 하나님의 '내가 다 이루겠다, 꼭 돌아오게 하겠다'는 말
씀에 위로받은 것이 아닙니다. '허락한 것을 다 이루기까지 너
를 떠나지 않겠다(함께하겠다)'는 약속이 그에게는 가장 큰 기쁨
이었습니다. 이것이 복음입니다. 이것이 세상을 이기는 힘입니
다. 이것이 우리를 회복시키는 은혜요, 다시 일으키는 능력입니
다. 다윗도 하나님의 함께하셨던 은혜로 이긴 자가 된 것입니다.

"만군의 하나님 여호와께서 함께 계시니 다윗이 점점 강성하여 가니라"(삼하 5:10).

우리는 함께하시는 하나님의 은혜를 받은 주님의 자녀입니다. 하나님이 우리를 굳세게 하시고, 도와주시고, 붙들어 주십니다. 그래서 이긴 자가 되고, 새로운 회복이 이루어지는 것입니다.

낯선 환경에 처해 있어도, 아무리 많은 대적들이 달려들어도, 병원 수술대에 홀로 있다 할지라도 우리는 더 이상 혼자가 아닙니다. 우리와 함께 계시는 주님이 우리의 손을 붙들어 주십니다.

"너희는 강하고 담대하라 두려워하지 말라 그들 앞에서 떨지 말라 이는 네 하나님 여호와 그가 너와 함께 가시며 결코 너를 떠나지 아니하시며 버리지 아니하실 것임이라"(신 31:6).

여러 가지로 고독하고 힘든 상황에 놓여 있습니까? 두렵고 불안합니까? 그러나 걱정하지 마십시오. 우리는 함께하시는 하나님의 은혜를 받은 자입니다. 전능하신 하나님이 우리를 도와 이기게 하십니다.

우리는 성령의 능력을 입은 사람이다

"천사가 대답하여 이르되 성령이 네게 임하시고 지극히 높으신 이의 능력이 너를 덮으시리니 이러므로 나실 바 거룩한 이는 하나님의 아들이라 일컬어지리라"(눅 1:35).

기이한 일을 행하시는 하나님의 능력을 경험하려면 초월적인 믿음을 가져야 합니다. 처녀가 임신하는 기적은 성령의 능력을 입었기 때문에 가능한 것입니다. 사실적인 믿음만 갖고 있으면 우리가 생각하는 수준의 회복과 상식적인 은혜와 축복만 경험하게 됩니다. 하지만 초월적인 믿음을 가지면 성령의 능력으로 새로운 회복이 이루어집니다.

과거에 유행했던 드라마 〈미생〉에 이런 대사가 나옵니다.

턱걸이를 만만히 보고 매달려 보면 알게 돼. 내 몸이 얼마나 무거운지. 현실에 던져져 보면 알게 돼. 내 삶이 얼마나 버거운지.

하루하루의 삶이 너무 버겁습니다. 내 몸, 내 인생 하나 돌보며 살아가는 것이 너무 힘듭니다. 아버지와 어머니로, 직장인과 사회인으로 사는 것도 버겁습니다. 그래서 우리는 우리에게 임한 성령님의 능력으로 살아야 하는 것입니다. 성령님이 새로운 회복을 이루게 하십니다. 베드로는 이렇게 말했습니다.

"하나님이 나사렛 예수에게 성령과 능력을 기름 붓듯 하셨으매 그가 두루 다니시며 선한 일을 행하시고 마귀에게 눌린 모든 사람을 고치셨으니 이는 하나님이 함께하셨음이라"(행 10:38).

베드로가 예수님과 함께했던 3년 동안 지켜본 결과, 예수님이 행하신 모든 능력의 근원은 성령님이었습니다. 하나님이 성령님의 능력을 예수님에게 끊임없이 부어 주셨기에 그 엄청난 일을 하신 것입니다.

우리도 마찬가지입니다. 하나님은 죄인이었던 우리에게 은혜를 베풀어 우리를 당신의 자녀로 삼아 주셨습니다. 육적 존재였던 우리가 성령님으로 인해 영생을 소유한 영적 존재가 되었습니다. 그래서 육신의 생각으로 살지 말고 영으로 살아야 하는 것입니다. 우리는 세상 욕심으로 충만하지 말고 성령으로 충만해야 합니다. 그래야 무너지고 부서진 인생이 성령의 능력으로 새롭게 회복될 수 있습니다.

"소망의 하나님이 모든 기쁨과 평강을 믿음 안에서 너희에게 충만하게 하사 성령의 능력으로 소망이 넘치게 하시기를 원하노라"(롬 15:13).

우리의 소망은 우리의 능력에 있지 않습니다. 성령님의 능력을 입은 자로 살아갈 때만 소망이 있습니다. 그래서 우리는 성령의 능력이 나타나기를 함께 기도해야 합니다. 특별히 국가적인 고난이 계속되고, 교회가 위기에 처하고, 가정이 흔들릴 때 함께 마음을 모아 기도해야 합니다. 간절한 공동체의 기도가 있을 때 성령님은 더 크게 역사하십니다.

스코틀랜드의 조지 마티슨(George Martheson) 목사는 이렇게 말했습니다.

과거의 위인들에게 가장 잊지 못할 풍요의 자리가 어디였던가 물어보라.
그들은 '내가 엎드렸던 차가운 바닥'이라고 답할 것이다.

아버지는 가정의 영적 제사장이니 가정을 위해 기도하십시오. 어머니는 가정의 파수꾼이니 가족을 위해 무릎을 꿇으십시오. 교회 제직은 교회와 성도를 위해 평생 중보자로 헌신하십시오.

▼

당신의 한계를 넘게 하시는 성령님과 함께하십시오. 당신의 한계보다 크신 성령님의 능력과 도우심이 당신이 넘지 못했던 담을 넘게 하시고, 기이한 일을 통해 새로운 회복을 이루실 것입니다.

우리는 너무 자주 두렵고, 외롭고, 힘겹습니다. 그러나 하나님이 말씀하신 새로운 회복은 반드시 이루어집니다. 우리는 하나님의 은혜를 받은 자이기 때문입니다. 하나님은 우리를 절대로 버리지 않고 끝까지 함께하십니다. 우리와 함께하시는 성령님의 능력으로 새로운 회복을 이루게 하실 것입니다.

하나님의 은혜를 알고 감사로 예배하는 자가 되십시오. 우리와 함께하시는 성령님의 능력을 입은 자답게 성령 충만을 위해 기도하십시오. 영혼이 잘 됨 같이 범사가 강건하고 잘되는 회복이 이루어질 것입니다.

새로운 인생은
생명의 말씀이신
예수 그리스도를 앎으로 시작됩니다.
그분이 누구며 나에게 어떤 분인지를 알아야
진짜 새로운 인생이 시작됩니다.

예수님과의 사귐이 회복의 시작이다

요일 1:1-3

몇 해 전, 한국문화재재단에서 창립 40주년을 기념해 역병에 지친 이들을 위로하는 행사가 열렸습니다. 이날 행사를 후원한 곳은 외교부, 문화재청 등이었습니다. 이 특별 공연에 정부 기관 및 많은 고위 공직자들이 참여했습니다. 객석에는 콜롬비아, 노르웨이 등 18개국 주한 대사와 고위 공직자 400여 명이 관객으로 초대되었습니다. 그런데 코로나 극복의 기원을 담아 열린 이날 공연은 안타깝게도 바로 '굿'이었습니다. 재단 측은 "처용을 불러 코로나19 역신을 물리게 하고, 어화 벗님과 함께할 축제와 풍류의 시작을 고한다"고 소개했습니다. 1부에서는 '역신을 물리는 기양제(祈禳祭)'라는 이름으로 처용맞이(청신), 손님풀이(오신), 판굿(송신) 등 각종 굿을 진행했습니다. 미신을 문화로

미화하고 굿판을 벌이는 행태는 실로 통탄스러운 일이 아닐 수 없습니다.

언제부터인지 모르겠는데 우리나라는 용한 무당을 '명인'이라 부르고, 춤 잘 추는 무당을 '명무'라고 칭합니다. 이런 굿판을 벌이면 불안과 걱정이 덜어질까요? 역병을 물리칠 수 있을까요? 역병은 귀신에게 사정한다고 해결되지 않습니다. 하나님의 은혜가 필요합니다. 새로운 인생은 우리의 힘과 능력으로 시작되는 것이 아닙니다. 영원한 생명이신 예수님을 믿는 믿음에서 시작되는 것입니다.

새로운 인생의 시작에 있어 가장 큰 '걸림돌'은 바로 '나 자신'입니다. '내가 갖고 있는 옛 가치관과 옛 기준'이 가장 큰 걸림돌이 됩니다. 요한일서가 기록된 초대 교회 당시도 그랬습니다. 본문이 기록될 당시에는 '영지주의'라고 불리는 이단들이 판을 쳤습니다. 이들은 예수님의 성육신과 신성을 부인했습니다. 자신들의 가치관과 기준으로는 믿어지지 않았기 때문입니다. 그래서 일부 성도들은 자신들이 믿고 싶은 대로 믿고, 듣고 싶은 말만 들었습니다. 이런 사람들에 의해 초대 교회를 흔들어 놓은 영지주의라는 이단이 탄생한 것입니다. 영은 선하고 물질은 악하다고 주장하는 영지주의 이단들은 육체의 욕구를 지나치게 억압하는 극단적 금욕주의와 육체의 욕구를 죄로 여기지 않는 극단적 쾌락주의로 나타났습니다.

사도 요한은 이런 이단들에 의해 초대 교회 성도들이 신앙적으로 큰 영향을 받자 본문에서 이렇게 강조합니다. 우선, 생명의 말씀이신 예수님에 대한 분명한 증거가 있다는 것입니다. 또 영원한 생명이신 예수님에 대해 확실한 증인이 있다는 것입니다. 그러나 오늘날 성도들은 환경 앞에서, 자신의 옛 가치관 앞에서 수없이 고민합니다. 영지주의자들이 그랬듯이 잘 안 믿어진다는 것입니다. 신앙이 있어도 새로운 인생의 시작을 의심합니다. 교회에 다니며 아무리 많은 말씀을 들어도 여전히 자신의 방식을 고집합니다. 자신의 생각과 주장을 굽히지 않습니다. 그러나 새로운 인생은 오직 생명이신 예수님으로부터 시작됩니다. 우리가 이긴 자의 축복을 누리는 새로운 인생을 시작하기 위해서는 어떻게 해야 할까요?

생명의 말씀이신 예수 그리스도를 알라

"태초부터 있는 생명의 말씀에 관하여는 우리가 들은 바요 눈으로 본 바요 자세히 보고 우리의 손으로 만진 바라 이 생명이 나타내신바 된지라 이 영원한 생명을 우리가 보았고 증언하여 너희에게 전하노니 이는 아버지와 함께 계시다가 우리에게 나타내신바 된 이시니라"(요일 1:1-2).

요한은 생명의 말씀이신 예수님이 세상에 와서 우리 죄를 대신해 십자가에서 죽으시고 3일 만에 다시 부활하신 것을 직접 보았다고 말하며 예수님만이 영원한 생명이라고 증언합니다. 그러나 당시 영지주의의 영향을 받았던 일부 교인들은 자기가 믿고 싶은 것만 믿고, 듣고 싶은 것만 들었기에 예수님의 성육신과 신성을 거부하며 왜곡된 복음을 주장했습니다. 그 결과, 예수님을 믿었으나 생명이신 예수님을 누리지 못하고 구습을 좇는 옛사람처럼 살아가게 되었습니다. 그것이 옳은 줄 알고 말입니다.

오늘날도 마찬가지입니다. 많은 사람이 자기에게 이해가 되고 납득이 되는 신앙 방식으로 새로운 인생을 시작합니다. 그러나 명심하십시오. 새로운 인생은 생명의 말씀이신 예수 그리스도를 아는 것에서부터 시작됩니다. 본문에 보면 요한은 태초부터 있는 생명의 말씀을 자신이 직접, 자세하게 보았다고 증거합니다.

"태초부터 있는 생명의 말씀에 관하여는 우리가 들은 바요 눈으로 본 바요 자세히 보고 우리의 손으로 만진 바라"(요일 1:1).

'태초'는 헬라어로 '아르케'(ἀρχή)라 하는데, 이는 '시작, 원인'이라는 뜻입니다. 당시 헬라 철학자들은 모든 물질의 시작을 '물' 혹은 '불'이라고 생각했습니다. 세상이 어디서 시작됐는지 관심이 많았습니다. 그런데 성경은 천지의 시작에 대해 명쾌하게 알려 줍니다.

"태초에 하나님이 천지를 창조하시니라"(창 1:1).

사도 요한은 요한복음에서 이것을 더 자세하게 설명합니다.

"태초에 말씀이 계시니라 이 말씀이 하나님과 함께 계셨으니 이 말씀은 곧 하나님이시니라"(요 1:1).

우주 만물의 시작과 원인은 바로 '하나님의 말씀'입니다. 이 세상은 물이나 불이나 흙에서 시작된 것이 아니라 하나님의 말씀으로 시작된 것입니다. 요한은 이것을 더 구체적으로 설명합니다.

"말씀이 육신이 되어 우리 가운데 거하시매 우리가 그의 영광을 보니 아버지의 독생자의 영광이요 은혜와 진리가 충만하더라"
(요 1:14).

천지 만물의 시작이 되셨던 말씀, 즉 예수 그리스도가 육신의 몸을 입고 친히 이 땅에 오셨습니다. 사도 요한은 이에 대한 분명한 증인과 증거가 있다고 확신 있게 증언합니다. 새로운 인생은 생명의 말씀이신 예수 그리스도를 앎으로 시작됩니다. 그분이 누구며 나에게 어떤 분인지를 알아야 진짜 새로운 인생이 시작됩니다. 그래서 사도 베드로는 이렇게 강조합니다.

"오직 우리 주 곧 구주 예수 그리스도의 은혜와 그를 아는 지식에서 자라 가라"(벧후 3:18).

하지만 예수님을 안다는 것은 단지 지식으로 아는 것을 의미하지 않습니다. 예수님을 안다는 것은 경험적으로 안다는 의미입니다. 예수님에 대해 아는 것이 아니라, 예수님을 알아야 합니다. 그래서 사도 요한은 이렇게 강조하는 것입니다.

"우리가 보고 들은 바를 너희에게도 전함은 너희로 우리와 사귐이 있게 하려 함이니"(요일 1:3a).

'안다'는 것은 사귐입니다. 사귐은 인격적으로 교제하는 것입니다. 그래서 사도 요한은 이렇게 설명합니다.

"우리의 사귐은 아버지와 그의 아들 예수 그리스도와 더불어 누림이라"(요일 1:3b).

새로운 인생은 생명의 말씀이신 예수님을 아는 데서, 그 예수님을 믿는 믿음에서 그리고 예수님과의 사귐과 누림에서 시작됩니다. 당신의 지식이나 이성이나 논리로 이해하려 하지 마십시오. 우리는 생명의 말씀이신 예수를 알아야 합니다. 우리는 우리의 힘과 능력이 아니라, 생명의 말씀이신 예수 안에서만 새로운 인생을 시작할 수 있습니다. 그래서 사도 바울은 이렇게 권면합니다.

"지식을 초월하는 그리스도의 사랑을 알게 되기를 빕니다. 그리하여 하나님의 온갖 충만하심으로 여러분이 충만하여지기를 바랍니다"(엡 3:19, 새번역).

이 세상에는 두 가지 신이 있습니다. '사람이 만든 신'과 '사람을 만든 신'이 그것입니다. 당신은 어떤 신을 믿겠습니까? 천지를 창조하신 생명의 말씀 예수를 알고 믿어 새로운 인생을 시작하십시오.

영원한 생명이신 예수 그리스도와 살라

"이 생명이 나타내신바 된지라 이 영원한 생명을 우리가 보았고 증언하여 너희에게 전하노니 이는 아버지와 함께 계시다가 우리에게 나타내신바 된 이시니라"(요일 1:2).

요한은 생명의 말씀이신 예수님이 영원한 생명이라고 증언합니다. 우리가 새로운 인생을 시작하기 위해서는 영원한 생명이신 예수 그리스도와 함께 살아가야 합니다.

"우리가 보고 들은 바를 너희에게도 전함은 너희로 우리와 사귐이 있게 하려 함이니 우리의 사귐은 아버지와 그의 아들 예수 그리스도와 더불어 누림이라"(요일 1:3).

이 땅에 오신 영원한 생명, 예수 그리스도와 더불어 누림(사귐)이 있을 때 새로운 인생을 시작할 수 있습니다. 더불어 누림은 영원한 생명이신 예수님과 함께 사는 것을 의미합니다.

코로나19의 영향으로 무연고 사망자가 급증했다고 합니다. 전년도 대비 30퍼센트나 늘었다고 하는데, '고독사'는 공식 통계조차 없는 실정입니다. 사람은 혼자 살 수 없습니다. 사람들이 동호회나 동창회를 만드는 이유가 이것입니다. 그런데도 만족이 없기에 그 군중 속에서도 고독을 느낍니다. 코로나 블루(Corona Blue)라는 말도 같은 의미입니다. 철학자 마틴 부버(Martin Buber)는 그의 책 《나와 너》(대한기독교서회 역간)에서, '나와 너' 사이에 아무리 인격적인 교감을 가진다 해도 '영원한 당신'과의 만남이 없는 우리의 만남은 온전할 수 없다고 했습니다. 이에 대해 예수님은 친히 이렇게 말씀하셨습니다.

"나는 포도나무요 너희는 가지라 그가 내 안에, 내가 그 안에 거하면 사람이 열매를 많이 맺나니 나를 떠나서는 너희가 아무것도 할 수 없음이라"(요 15:5).

예수님에게서 떨어지는 순간부터 우리는 죽은 자가 됩니다. 우리는 예수님과 더불어 사귐이 있는 인생을 살아야 합니다. 그래서 요한은 주님과의 사귐을 '거하다'로 표현합니다. '거하다'라는 단어는 헬라어로 '메노'(μένω)라 하는데, 이는 '머물다, 거하다, 계속해서 있다'라는 뜻입니다. 예수님은 함께해야만 살 수 있는 필연적 관계를 설명하기 위해 포도나무 가지를 비유로 사용하신 것입니다.

"내 안에 거하라 나도 너희 안에 거하리라 가지가 포도나무에 붙어 있지 아니하면 스스로 열매를 맺을 수 없음같이 너희도 내 안에 있지 아니하면 그러하리라"(요 15:4).

요한복음 15장 4-10절까지 '거하다'라는 단어가 무려 아홉

번이나 사용됩니다. 우리는 영원한 생명이신 예수님 안에 살 때만 생존할 수 있고, 새로운 인생을 시작할 수 있기 때문입니다. 특별히 요한일서 5장 12절은 "아들[예수 그리스도]이 있는 자에게는 생명이 있고 하나님의 아들이 없는 자에게는 생명이 없느니라"라고 강조합니다. 생명의 말씀이신 예수님이 영원한 생명 바로 그 자체이시기 때문입니다. 그러므로 우리는 영원한 생명이신 예수님 안에서, 예수님과 함께, 예수님을 위해 살아가는 그리스도인이 되기를 결심해야 합니다. 그래야 기적을 경험하는 새로운 인생이 시작됩니다.

▼

전북 고창의 한 농장에서 포도나무 한 그루에 무려 4,500송이의 포도가 주렁주렁 열렸습니다. 뻗어 나온 포도나무 줄기의 길이는 무려 40미터인데, 거대한 비닐하우스를 가득 채운 무성한 포도 줄기를 따라가면 단 한 그루의 나무로 이어집니다.

14년 전에 심었다는 이 포도나무 한 그루에만 4,500송이의 포도가 달렸습니다. 일반적인 포도나무보다 100배나 많은 송이가 달린 것입니다. 그 방법을 들어 보니, 나무로부터 1미터 정도 떨어진 곳에 물을 주었다고 합니다. 그렇게 시들거릴 때마다 더 멀리 물을 주면서 이 나무가 가지고 있는 유전적 능력을 키웠다고 합니다. 농부는 '네 뿌리를 뻗어서 물을 먹어라, 내가 갖다 주지 않겠다' 하며 어려서부터 교육을 시키는 마음이었다는 것입니다.

이 포도나무 이야기를 들으면서 이런 생각을 했습니다. '고난이 축복이고 갈급함이 은혜다.' 때로는 원하는 것을 못 얻어 슬프고, 계획한 대로 안 되어 괴로울 수 있습니다. 그러나 고난이 있기에 생수의 근원이신 하나님께로 더 나아가는 것입니다. 하나님께 나아가기 위해 믿음의 뿌리를 더 깊이 내리게 되는 것입니다. 그러다 결국에는 기이한 일을 행하는 축복의 열매를 맺게 되는 것입니다. 주님은 십자가를 앞두고 떠나는 사람들을 보며 제자들에게 말씀하셨습니다. "너희도 가려느냐"(요 6:67). 그러자 베드로는 이렇게 말합니다. "주여 영생의 말씀이 주께 있사오니 우리가 누구에게로 가오리이까"(요 6:68).

그렇습니다. 예수님이 우리를 살리는 영생의 말씀입니다. 생명의 말씀이신 예수님을 알고, 영원한 생명이신 예수님 안에서 살아야 우리는 새로운 인생을 시작할 수 있습니다. 날마다 포도나무이신 예수님께 끝까지 붙어 있어 기이한 일을 행하시는 하나님의 놀라운 축복을 경험하는 새로운 인생이 시작되기를 기대하십시오. 우리 모두는 남은 자의 신앙으로 이긴 자의 축복을 누리는 그리스도인이 되어야 할 것입니다.

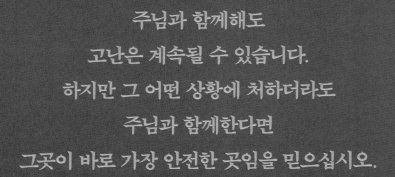

주님과 함께해도
고난은 계속될 수 있습니다.
하지만 그 어떤 상황에 처하더라도
주님과 함께한다면
그곳이 바로 가장 안전한 곳임을 믿으십시오.

회복된 삶에도 고난은 찾아온다

마 14:22-33

계속되는 코로나로 인해 성도들의 신앙과 섬김과 열정이 점점 무너지고 있습니다. 코로나 초기에는 예배를 맘대로 드리지 못하는 신앙 현실에 대해 안타까움을 갖고 있었습니다. 하지만 전화 심방을 해 보면 많은 성도가 이런 현실에 점점 무뎌지고 있다고 고백합니다. 그런데 신앙은 외부에 의해 한 번에 무너지는 것이 아닙니다. 무뎌지다가 스스로 무너지는 것입니다.

질문 하나 하겠습니다. 만일 당신이 오늘 죽는다면 천국에 갈 거라는 확신이 있습니까? 코로나로 인해 제대로 예배드리지 못한 사람은 의심이 들 수도 있습니다. 어떤 사람은 정말 천국이 있는지조차 의심할 수도 있습니다. 교회에 안 가도 별일 안 생긴다며 신앙의 줄을 놓은 사람도 있을 것입니다.

우리가 인생을 살다 보면 예상 못한 고난을 당할 때가 있습니다. 그러다 보니 가끔은 신앙이 흔들리는 순간을 맞이하게 됩니다. 목사인 저도 그럴 때가 있습니다. '하나님이 정말 나를 사랑하시나?' 처음 예수님을 믿을 때는 행복하고, 기도를 들어주실 때는 감사합니다. 그러다 어느 순간 찾아온 어려움을 겪으면 신앙이 흔들립니다. 하나님의 실존과 사랑에 대해 의심이 들기도 합니다. 본문의 제자들이 그랬을 것 같습니다.

"예수께서 즉시 제자들을 재촉하사 자기가 무리를 보내는 동안에 배를 타고 앞서 건너편으로 가게 하시고"(마 14:22).

오병이어 사건의 감동 후 예수님을 왕으로 삼자고 흥분하는 사람들을 보시던 예수님은 제자들에게 배를 타고 먼저 건너편에 가 있으라고 말씀하십니다. 그래서 제자들은 먼저 떠났습니다. 그런데 예수님의 말씀에 순종한 결과 제자들은 위험에 처했습니다.

"배가 이미 육지에서 수 리나 떠나서 바람이 거스르므로 물결로 말미암아 고난을 당하더라"(마 14:24).

요한복음 6장은 제자들이 탄 배가 '십여 리쯤' 갔다고 전합니다. 육지에서 4-5킬로미터 정도 떨어진 갈릴리 바다 중간까지 갔는데 거친 풍랑 때문에 어디로도 갈 수 없는 진퇴양난에 처했습니다. 본문 25절에 보면 이런 상황이 밤 사경(새벽 3-6시 사이)까지 계속되었습니다. 오병이어로 저녁을 먹고 바로 출발했으니 거의 6-8시간 동안 바다에서 파도와 사투를 벌이고 있는 것입니다.

저는 이런 제자들의 모습이 요즘 우리의 모습 같다고 생각합니다. 새로운 인생을 기대하고 주님을 따랐지만 고난이 계속됩니다. 이러지도 저러지도 못하는 상황에 처해 있습니다. 그러다 보니 믿음과 신앙에 의심이 듭니다. '나는 잘하고 있나?' 만일 우리에게 하나님이 주신 새로운 인생의 시작에 대해 의심이 생긴다면 다음 두 가지를 기억하고 실행해야 합니다.

오직 주님만 주목하라

"배가 이미 육지에서 수 리나 떠나서 바람이 거스르므로 물결로 말미암아 고난을 당하더라 밤 사경에 예수께서 바다 위로 걸어서"(마 14:24-25).

본문에 보면 제자들이 얼마나 힘들고 괴로운 상황에 처했는지를 알려 주는 단어가 등장합니다. '바람, 물결, 고난, 밤 사경'이 그것입니다. 모두 제자들을 두렵고 힘들게 하는 표현들입니다.

참고로 본문의 상황에 대해 부연 설명을 하면, 갈릴리 호수는 수면이 지중해 해면보다 200미터 이상 낮고 수심은 50미터 정도가 되어 갈릴리 바다라고도 불립니다. 주위는 산으로 둘러싸여 있습니다. 산 위와 갈릴리 호수의 기온차가 심해 기온이 내려갈 경우 차가운 산 위의 공기가 수면을 향해 밀려 내려가 큰 풍랑을 일으키곤 했습니다. 그러면 노련한 어부들도 감당하지 못했습니다. 그러니 캄캄한 밤에 파도치는 바다 한가운데서 사투를 벌이고 있던 제자들 입장에서 보면 예수님이 너무 원망스러울 것입니다. 먼저 가라고 해서 순종해 출발했는데 죽게 되었으니 말입니다. 그런데 주님은 제자들을 파도에 죽도록 내버려 두지 않으셨습니다. 동일한 장면을 기록한 마가복음 6장을 보십시오.

"바람이 거스르므로 제자들이 힘겹게 노 젓는 것을 보시고 밤 사경쯤에 바다 위로 걸어서 그들에게 오사 지나가려고 하시매" (막 6:48).

산에서 홀로 기도하던 예수님은 제자들의 괴로움을 보셨습니다. 주님은 힘겹게 노를 젓고 있는 제자들의 괴로운 형편과 처지를 다 알고 계셨던 것입니다. 저는 여기서 큰 위로를 받았습니다. 주님은 우리가 겪고 있는 고난의 현장을 다 보고 계십니다. 코로나 풍랑 속에서 살아 보려고 발버둥 치며 괴롭게 노를 젓고 있는 우리의 괴로운 모습과 지친 마음을 다 아십니다. 직장에서, 또 가족들 앞에서는 당당한 것 같지만 속으로는 울고 있는 당신의 속마음을 다 알고, 보고 계시다는 것입니다. 이런 주님을 믿고 바라보십시오. 오직 사랑의 주님만 주목하십시오.

혹시 이런 의문을 가진 사람이 있을지 모르겠습니다. '그럼 고난당할 때 일찍 와서 제자들을 구원해 주시지, 왜 밤 사경이 되어서야 겨우 오셨을까?' 밤 사경은 동트기 직전의 가장 어두울 때입니다. 인생으로 말하면 절망의 때요, 버틸 힘이 없는 때입니다. 더 이상 내 힘과 능력으로는 아무것도 할 수 없다고 다 포기할 때입니다. 주님이 밤 사경에 오신 것은, 우리의 힘과 능력으로는 이 험한 고난을 해결할 방법이 없고, 오직 주님만이 우리의 구원이심을 깨달아 주목하고 바라보도록 만들기 위함입니다.

본문을 묵상하다가 중요한 사실을 깨달았습니다. 대부분의 사람들은 예수님이 물 위를 걸으신 기적만 생각합니다. 그런데 저는 예수님이 왜 물 위로 걸어가셨을까 생각해 보았습니다. 주님이 산에서 기도를 마치신 후 보니 바람이 심하게 불었습니다. 제자들이 거센 풍랑에 고전하고 있는 것을 아신 주님은 제자들을 구하기 위해 물 위를 걸어가신 것입니다. 그런데 대부분의 사람들은 예수님이 왜 물 위를 걸어 제자들에게 가셨는지에 대해서는 관심이 없습니다. 예수님이 어떻게 물 위를 걸으셨는지에 대해서만 논쟁하며 의심합니다.

맞습니다. 사람이 어떻게 물 위를 걸을 수 있겠습니까? 그러나 질문을 바꿔 보십시오. '하나님의 아들이 물 위를 걸을 수 있는가, 없는가?' 당연히 걸을 수 있습니다. 못 걷는다면 하나님의 아들이 아닙니다. 그래서 제자들은 예수님이 배에 오르자 예수님을 향해 절하며 '살아 계신 하나님의 아들'이라 고백한 것입니다. 우리를 사랑하시는 주님을 의심하지 마십시오. 하나님의 아들, 예수님만 주목하십시오.

다시 본문으로 돌아가서, 캄캄한 밤에 풍랑이 이는 바다 위로 누군가가 걸어온다면 어떤 생각이 들겠습니까? '귀신이다!' 그래서 두려워하는 베드로에게 주님은 이렇게 말씀하십니다.

"안심하라 나니 두려워하지 말라"(마 14:27).

주님은 고난 중에 있는 제자들을 보고 다가와서 말씀하십니다. '제자들아, 내가 왔다. 이제 안심해라.' 주님은 두려워하는

우리에게도 말씀하십니다. '나다. 두려워 말고 안심해라.'

지금 한국 교회와 성도들은 본문 속 제자들처럼 캄캄한 밤, 거친 풍랑 속에서 생존을 위한 사투를 벌이고 있습니다. 그러나 절대 두려워하지 마십시오. 오직 주님만 주목하십시오.

그런데 베드로는 물 위로 걸어오며 '내가 왔으니 두려워 말라' 말씀하시는 예수님의 음성을 듣고도 '의심'했습니다. 꼭 우리 모습 같습니다. 베드로는 예수님에게 '만일 주님이시거든' 자신에게 명하여 물 위를 걷게 해 달라고 요청합니다.

"베드로가 대답하여 이르되 주여 만일 주님이시거든 나를 명하사 물 위로 오라 하소서"(마 14:28).

그러자 예수님이 말씀하십니다.

"오라 하시니 베드로가 배에서 내려 물 위로 걸어서 예수께로 가되"(마 14:29).

그런데 물 위로 걸어가던 베드로에게 무슨 일이 일어났습니까?

"바람을 보고 무서워 빠져 가는지라 소리 질러 이르되 주여 나를 구원하소서 하니"(마 14:30).

저는 이런 베드로의 모습에서 우리의 모습을 발견합니다. 우리 또한 주님을 만나고도 의심합니다. 때로는 기적을 경험하고도 주님을 의심합니다. 주님 대신 거센 바람을 바라보기 때문입니다. 그런데 주님은 물에 빠진 베드로를 그냥 내버려 두지 않으셨습니다.

"예수께서 즉시 손을 내밀어 그를 붙잡으시며 이르시되 믿음이
작은 자여 왜 의심하였느냐"(마 14:31).

그렇습니다. 우리 인생의 가장 큰 문제는 주님을 의심하는 것입니다. 우리를 구원하고 사랑하시는 주님은 변함이 없으십니다. 주님이 문제가 아니라, 환경과 상황을 보며 의심하는 우리가 문제입니다.

그 어떤 순간에도 환경을 바라보며 두려워하지 마십시오. 우리를 사랑해서 풍랑을 가로질러 바다 위를 걸어오신 오직 주님만 주목하십시오. 주님이 우리를 구원하십니다.

페리 노블(Parry Noble)의 《삶의 어떤 순간에도》(두란노 역간)라는 책에 보면 이런 내용이 있습니다.

하나님은 우리의 문제보다 크시다. 하나님은 우리의 문제를 향해 달려오신다. 삶의 어떤 순간에도, 하나님은 당신 편이다.

하나님은 우리를 방치하거나 외면하지 않으십니다. 물 위를 가로질러 우리의 문제를 향해 달려오십니다. 그러니 어떤 상황에 처해도 두려워하지 말고, 문제보다 크신 주님만 주목하십시오. 그럼에도 아직 마음에 의심의 찌꺼기가 남아 있다면, 계속해서 주님과 함께하며 마음속 의심을 말끔히 걷어 내야 합니다.

계속 주님과 함께하라

본문은 바람을 보고 두려워 물에 빠져 가는 베드로를 주님이 건져 주시는 것으로 끝나지 않습니다.

"배에 함께 오르매 바람이 그치는지라"(마 14:32).

예수님이 베드로와 함께 배에 오를 때까지 계속 바람이 불었습니다. 노련한 어부였던 베드로도 무서워 정신 줄을 놓을 정도였습니다. 그랬던 바람이 예수님과 베드로가 배에 함께 오르자 그쳤습니다.

저는 이 장면에서 큰 은혜를 받았습니다. 예수님은 온몸이 물에 흠뻑 젖은 채 두려워 떨고 있던 베드로의 손을 놓지 않고 끝까지 잡고 계셨습니다. 어떻게 알 수 있습니까? 본문은 '예수님과 베드로가 배에 함께 올랐다'고 말씀합니다. 주님은 거친 바람과 파도가 무서워 물에 빠져 덜덜 떨고 있던 베드로의 손을 잡고 함께 배에 오르셨습니다.

너무 은혜가 되지 않습니까? 주님은 끝까지 베드로의 손을 잡아 주셨습니다. 이 험한 세상에서 우리가 안전할 수 있는 방법은 우리 손을 잡아 주시는 주님과 계속 함께하는 것입니다. 우리는 지금 우리의 힘과 능력 때문에 버티고 있는 것이 아닙니다. 때로 의심하고 두려워해도 계속해서 붙잡아 주시는 주님과 함께하기 때문에 안전하고 평안할 수 있는 것입니다.

요즘 신앙생활하기가 참 쉽지 않습니다. 교회에 다니면 죄인 취급을 받습니다. 그래도 우리는 계속해서 주님과 함께해야 합니다. 우리의 살길은 우리를 구원하시는 주님과 계속 함께하는 것입니다. 한때는 바울의 신실한 동역자였으나 고난의 패배자가 된 데마처럼, 우리는 세상을 사랑해서 교회를 떠나는 배교자가 되어서는 안 됩니다. 그 어떤 고난과 박해와 비난, 세상의 유혹이 있다 할지라도 절대 주님을 떠나지 마십시오. 끝까지, 계속해서 주님과 함께하십시오. 그래야 하나님이 예비하신 새로운 인생을 시작할 수 있습니다.

여기서 한 가지 더 알아야 할 것이 있습니다. 주님이 제자들에게 찾아오셨지만, 바람은 여전히 강했습니다. 주님이 베드로를 구원하실 때도 거친 풍랑은 여전했습니다. 주님과 함께해도 고난은 계속될 수 있습니다. 하지만 그 어떤 상황에 처하더라도 주님과 함께한다면 그곳이 바로 가장 안전한 곳임을 믿으십시오.

급박한 상황이 지나고 베드로가 예수님과 함께 배에 오르자 드디어 바람이 멈췄습니다. 그러자 이 모든 장면을 지켜본 제자들은 주님께 이렇게 고백합니다.

> "배에 있는 사람들이 예수께 절하며 이르되 진실로 하나님의 아들이로소이다 하더라"(마 14:33).

인생을 살다 보면 하나님을 의심할 수밖에 없는 환경이나 상황에 직면할 때가 참 많습니다. 그러면 마귀는 그 틈을 노려 하나님을 의심하게 만듭니다. 의심을 키워 성도들을 실족하게 만듭니다. 혹시 하나님의 사랑과 능력에 대해 의심하고 있습니까? 환경과 사람을 바라보지 말고 오직 사랑의 주님만 주목하십시오. 상황이 두렵습니까? 계속해서 능력의 주님과 함께하십시오.

"여러분은 사람이 흔히 겪는 시련밖에 다른 시련을 당한 적이 없습니다. 하나님은 신실하십니다. 여러분이 감당할 수 있는 능력 이상으로 시련을 겪는 것을 하나님은 허락하지 않으십니다. 하나님께서는 시련과 함께 그것을 벗어날 길도 마련해 주셔서, 여러분이 그 시련을 견디어 낼 수 있게 해 주십니다"(고전 10:13, 새번역).

때로는 원치 않는 시련과 고난이 닥치겠지만 하나님은 피할 길, 벗어날 길도 함께 마련해 주십니다. 베드로처럼 의심해서 믿음이 작은 자라고 책망 받지 말고, 하나님의 아들이신 예수님을 믿으십시오.

▼

라준석 목사는 《친밀함》(두란노)이라는 책에서 이렇게 말합니다.

하나님의 새로운 시작을 기대하십시오. 그다음이 항상 있습니다.

하나님이 없는 세상 사람들에게는 그다음이란 없습니다. 그러나 우리에게는 새로운 시작이 있는 그다음 스토리가 예비되어 있습니다. 주님이 우리를 위해 일하고 계시기 때문입니다.

새로운 인생의 시작과 우리를 위해 일하시는 여호와 이레의 하나님을 믿으십시오. 마음에 가득한 의심을 깨치고 지극히 화평한 맘으로 새로운 인생의 주인공이 되십시오. 날이 저물어 끝난 것 같아도 하나님은 다음 날 새로운 아침을 시작하게 하십니다. 이 믿음을 가지고 찬양하고 기도하는 삶을 살아가십시오.

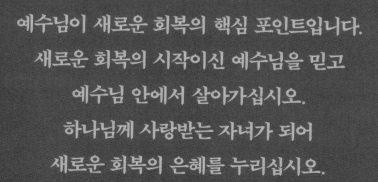

예수님이 새로운 회복의 핵심 포인트입니다.
새로운 회복의 시작이신 예수님을 믿고
예수님 안에서 살아가십시오.
하나님께 사랑받는 자녀가 되어
새로운 회복의 은혜를 누리십시오.

회복의 핵심 포인트는 예수님이다

눅 3:21-23, 38

광주의 한 아파트 공사 현장에서 아파트 일부가 붕괴되는 황당한 사고가 발생해 안타깝게도 인명 피해가 생겼습니다. 전문가들은 무리한 공사 기간 단축을 지적합니다. 예정된 입주 시기를 맞추기 위해 서둘러 작업을 진행하면서 콘크리트가 굳기도 전에 다시 타설해 콘크리트 무게가 가중되어 붕괴된 것으로 보는 것입니다.

사실 작업자들은 최선을 다했을 것입니다. 어떻게든 공사 기간을 맞추기 위해 추운 날씨에도 쉬지 않고 열심히 일했을 것입니다. 그런데 그 열심이 오히려 큰 문제가 되었습니다. 이 사고로 공사 기간이 늦어지면서 시공사는 공사 대금의 0.1퍼센트를 지체 보상금으로 물어 줘야 하는데 그 돈이 하루에 10억이라고 합니다. 시행사도 입주 예정자들에게 지연 보상금을 물어 줘야 합니다. 입주 예정자들도 일정이 모두 꼬이는 큰 불편을 겪게 되었습니다. 열심은 냈으나 핵심을 잡지 못했기에 이런 일이 생긴 것입니다.

알다시피 건축의 핵심은 화려한 외관이나 내부 인테리어가 아닙니다. 안전성입니다. 아무리 유명한 브랜드의 아파트라도 안전이라는 핵심 포인트를 놓치면 열심을 낸 것들이 무용지물이 됩니다. 성경에도 그런 사람들이 등장합니다. 서기관과 바리새인들은 잘못된 열심을 가졌습니다. 그들은 정기적으로 금식하고 기도했지만 핵심을 놓쳤습니다. 그들은 주님이 준비하신 회복을 누릴 수 없었습니다. 그래서 침례자 요한에게 왔으나 도리어 독사의 자식이라는 책망을 받은 것입니다. 그들은 열심은 있었으나 말씀의 핵심을 잡지 못했습니다.

핵심을 잡는 것은 세상에서만이 아니라 신앙에서도 중요합니다. 우리가 열심히 신앙생활을 하지만 기대하는 결과와 성과를 얻지 못하고 있다면 신앙의 핵심을 잡지 못했기 때문입니다.

"여호와께서 집을 세우지 아니하시면 세우는 자의 수고가 헛되며 여호와께서 성을 지키지 아니하시면 파수꾼의 깨어 있음이 헛되도다"(시 127:1).

하나님의 뜻, 하나님의 계획과 기준대로 살지 않으면 헛된 것입니다. 결국 하나님이 준비하신 새로운 회복을 이루기 위해서는 열심만 내지 말고 핵심을 잡아야 합니다. 그렇다면 그 핵심 포인트는 무엇일까요?

예수님이 새로운 회복의 시작이다

우리가 바라고 원하고 꿈꾸는 모든 회복은 예수님으로부터 시작됩니다. 복음의 핵심인 예수님만이 무너지고 깨지고 소망 없는 우리 인생을 회복시키십니다. 예수님이 모든 새로운 회복의 시작이십니다.

"하나님의 아들 예수 그리스도의 복음의 시작이라"(막 1:1).

그런데 예수님은 죄로 죽어 가는 사람들을 구원하고 회복하는 복음 사역을 시작하기 전에 침례자 요한에게 침례를 받으셨습니다.

"요한이 요단 강 부근 각처에 와서 죄 사함을 받게 하는 회개의 침례를 전파하니"(눅 3:3).

알다시피 침례는 죄로부터 깨끗하게 되어 새롭게 시작한다는 것을 의미합니다. 요즘에는 교단에 따라 침례를 받기도 하고 세례를 받기도 하는데, 정확하게 구분해서 말한다면 주님은 침례를 받으셨습니다. 물속에 들어가야 침례의 참된 의미가 설명됩니다.

"그러므로 우리가 그의 죽으심과 합하여 침례를 받음으로 그와 함께 장사되었나니 이는 아버지의 영광으로 말미암아 그리스도를 죽은 자 가운데서 살리심과 같이 우리로 또한 새 생명 가운데서 행하게 하려 함이라"(롬 6:4).

물에 들어가는 것은 그리스도의 죽으심과 연합해 죽는 것입니다. 물속에 머무는 것은 그리스도의 장사 지냄과 연합해 장사되는 것입니다. 물에서 나오는 것은 예수님의 부활과 연합해 다시 살아나는 것입니다. 이렇게 하는 이유가 무엇입니까? 위의 말씀인 로마서 6장 4절을 보십시오. "우리로 또한 새 생명 가운데서 행하게 하려 함이라."

그렇습니다. 요한의 침례는 죄 사함의 침례였지만, 예수님의 침례는 죄로 인해 죽을 수밖에 없는 우리에게 예수님으로 인해 새로운 회복이 시작되는 것을 의미합니다. 그래서 요한은 이렇게 말했습니다.

"나는 너희로 회개하게 하기 위하여 물로 침례를 베풀거니와 내 뒤에 오시는 이는 나보다 능력이 많으시니 나는 그의 신을 들기도 감당하지 못하겠노라 그는 성령과 불로 너희에게 침례를 베푸실 것이요"(마 3:11).

예수님의 침례는 성령이 임한 영적 존재로의 새로운 회복을 의미합니다. 그래서 예수님이 침례를 받으실 때 하늘이 열린 것입니다. 하늘이 열린다는 것은 개천절처럼 새로운 나라의 시작을 상징하는 것입니다. 우리 모두에게 하늘이 열리는 새로운 회복이 시작되기를 소망합니다. 성령님께서 당신의 능력으로 하나님께서 우리를 위해 예비하신 모든 하늘의 복이 예수님으로 인해 우리에게 임하게 하실 것입니다.

그런데 예수님이 침례를 받으실 때 하늘이 열리며 성령님만 강림하신 것이 아닙니다. 소리도 들렸습니다.

"성령이 비둘기 같은 형체로 그의 위에 강림하시더니 하늘로부터 소리가 나기를 너는 내 사랑하는 아들이라 내가 너를 기뻐하노라 하시니라"(눅 3:22).

성령님의 강림은 예수님이 새로운 회복의 시작이라는 것을 증거하고 증명하는 것입니다. 그래서 성령님이 강림할 때 하늘에서 소리가 나 '너는 내 사랑하는 아들'이라고 선언하셨습니다. 여기서 '아들'이라는 단어는 '유일한 아들'이라는 뜻입니다. 예수님이 하나님의 독생자임을 정확하게 증거하고 있는 것입니다. 이 세상의 모든 새로운 회복은 예수 그리스도로부터 시작됩니다.

계속해서 '새로운 회복의 시작'을 이야기하니 어떻게 하면 새로워질 수 있을까 궁금할 것입니다. 그러나 질문을 바꿔야 합니다. 새로운 회복의 핵심은 '어떻게'(how)에 있는 것이 아닙니다. 우리가 '누구에게'(who) 속해 있는지가 중요합니다. 우리 앞길을 열며 무너지고 망가진 인생을 새롭게 회복하는 그 '주체'가 누구냐는 것입니다. 그 주체는 '나'가 아닙니다. 새로운 회복의 시작인 '예수님'입니다.

때로 우리는 이 진리를 놓친 채 살아갑니다. 아직도 자신의 종교적인 열심이나 의로운 행위로 새로운 회복을 이루려고 합니다. 그러나 우리 육신은 부인하고 십자가에 못 박아야 할 대상이지, 고쳐서 새롭게 할 대상이 아닙니다. 우리에게 하늘의 복을 주실 분은 오직 새로운 회복의 시작이신 예수님 한 분 외에는 없습니다.

우리 삶에서 정말로 새로운 회복이 시작되길 원한다면, 새로운 회복의 시작이신 예수님 안에서 살아야 합니다. 새로운 회복은 우리의 열심이 아니라 예수님의 은혜로 주어지기 때문입니다. 예수님처럼 하나님께 사랑받는 자녀가 되기를 힘쓰십시오.
또 하나님을 사랑하는 자녀가 되기를 기도하십시오. 그래야 새
로운 회복의 시작이신 예수님 안에서 회복의 은혜를 누리게 됩
니다.

다시 한 번 말하지만, 예수님이 새로운 회복의 핵심 포인트입
니다. 새로운 회복의 시작이신 예수님을 믿고 예수님 안에서 살
아가십시오. 하나님께 사랑받는 자녀가 되어 새로운 회복의 은
혜를 누리십시오.

예수님이 새로운 회복의 완성이다

"예수께서 가르치심을 시작하실 때에 삼십 세쯤 되시니라 사람
들이 아는 대로는 요셉의 아들이니 요셉의 위는 헬리요 … 그 위
는 에노스요 그 위는 셋이요 그 위는 아담이요 그 위는 하나님이
시니라"(눅 3:23, 38).

당신은 이런 족보를 본 적이 있습니까? 거꾸로 된 족보입니
다. '그 위는 누구'라고 기록되어 있습니다. 이렇게 이상한 족보
는 무엇을 의미합니까? 내 존재의 가장 위는 하나님이라고 말
하는 것입니다.

내 위에는 하나님이 계십니다. 새로운 회복의 완성은 모든 것의 근원이신 창조주 하나님께 있습니다. 그래서 사람으로 오신 예수님이야말로 새로운 회복의 완성이고 근원임을 강조하는 것입니다.

새로운 회복의 완성은 나를 구원하신 예수님을 인생의 주인으로 모시고 살 때 새로운 회복의 완성이신 예수님께서 이루시는 것입니다. 스스로 주인 되어 살려 하지 마십시오. 우리 위에는 하나님이 계십니다. 우리 인생의 근원이신 하나님이 우리를 다스리고 책임지십니다.

그런데 이렇게 하지 않은 사람의 족보가 소개됩니다. 가인입니다. 창세기에 보면 가인은 아벨을 쳐 죽이고 부모 곁을 떠났습니다. 그래서 하나님께서는 슬픔에 빠진 아담과 하와를 위해 새로운 아들을 주셨습니다. 아담은 그 아들의 이름을 '셋'이라고 지었습니다.

'셋'이라는 이름은 '빈자리를 채우다, 대신하다'라는 뜻입니다. '셋'은 자라면서 부모인 아담과 하와에게 여러 이야기를 들었을 것입니다. 형 가인에 대해서도 들었을 것입니다. 얼마나 충격이었겠습니까? 그래서 '셋'은 세월이 흘러 아들을 낳은 다음 이름을 '에노스'라고 지었습니다. '에노스'는 '형편없다, 깨지기 쉽다, 치유가 불가능한 상태'를 의미합니다. 대체 왜 이렇게 이름을 지었을까요? 그는 인간에게는 소망이 없다는 사실을 깨달은 것입니다. 인간이 얼마나 연약한 존재인지를 알게 된 것입니다. 오직 하나님만이 사람의 참 소망이 되심을 깨달은 것입니다. 그래서 아들의 이름을 '에노스'라고 지은 것입니다.

"셋도 아들을 낳고 그의 이름을 에노스라 하였으며 그때에 사람들이 비로소 여호와의 이름을 불렀더라"(창 4:26).

그러면 가인은 어땠습니까? 가인은 하나님의 은혜를 받고도 하나님을 떠났습니다. 에덴 동쪽 놋 땅에 이르러 자기를 위해 성을 쌓고 하나님 없는 인생과 세상을 시작했습니다. 성경을 보십시오.

"가인이 여호와 앞을 떠나서 에덴 동쪽 놋 땅에 거주하더니 아내와 동침하매 그가 임신하여 에녹을 낳은지라 가인이 성을 쌓고 … 에녹이 이랏을 낳고 이랏은 므후야엘을 낳고 므후야엘은 므드사엘을 낳고 므드사엘은 라멕을 낳았더라"(창 4:16-18).

이어서 가인의 족보가 계속 소개됩니다.

"아다는 야발을 낳았으니 그는 장막에 거주하며 가축을 치는 자의 조상이 되었고 그의 아우의 이름은 유발이니 그는 수금과 퉁

소를 잡는 모든 자의 조상이 되었으며 씰라는 두발가인을 낳았으니 그는 구리와 쇠로 여러 가지 기구를 만드는 자요"(창 4:20-22).

가인의 후손들은 하나님 없이 자기들의 능력과 노력으로 자기들의 존재 가치를 증명했습니다. 세상에서 유명한 자가 되었습니다. 그러나 이들은 결국 노아 홍수 때 다 멸망하고 말았습니다.

우리는 지금 하나님 없이 설치는 가인의 시대를 살고 있습니다. 많은 사람이 자기를 위한 성을 쌓고 있습니다. 하나님 없이 자기들의 힘으로 자기들을 위한 세상을 만들어 가고 있습니다. 그러나 하나님이 없이는 평화와 안식도 없습니다. 세상은 오히려 다툼과 싸움으로 망가지고 있습니다. 지구는 사람들의 이기심으로 거주 불능의 상태가 되어 가고 있습니다. 사람들은 불로 멸망하는 종말을 스스로 준비하고 있습니다. 그래서 주님은 이렇게 망가지고 무너져 희망 없는 사람들을 위해 친히 사람의 몸으로 세상에 오시고, 당신을 드려 생명의 길을 만드시고, 믿는 자들을 위해 새로운 회복을 완성하시는 것입니다.

가인의 후예처럼 자기 힘과 능력으로 살지 마십시오. 셋의 후손답게 예수의 이름을 부르며 예수님을 구주로 섬기는 믿음으로 살아가십시오. 우리 위에 예수님이 계심을 꼭 기억하십시오. 우리가 가인의 후예처럼 날고 긴다 해도 예수님으로 최종 결론을 내지 않으면 새로운 회복은 완성될 수 없습니다. 우리가 아무리 몸부림쳐도 예수님 없이는 새로운 회복을 이룰 수 없습니다.

오직 예수님만이 새로운 회복의 완성이고 복의 근원이십니다. 오직 예수님만이 죄악 된 우리의 구원이 되십니다. 그래서 사도 바울은 살아도 주를 위해서, 죽어도 주를 위해서라고 고백한 것입니다. 그 누구도 예수님을 떠나서는 새로운 회복을 경험할 수 없기 때문입니다.

예수님이 새로운 회복의 완성이십니다. 예수님이 새로운 회복의 핵심 포인트입니다. 우리는 예수로 살고 예수로 죽는 사람이 되어야 합니다.

결국 우리는 예수님을 따르며 하나님의 기쁨이 되어 새로운 회복을 누릴 것인지, 아니면 예수님을 불신하고 내 맘대로 살다 망할 것인지 둘 중 하나를 선택해야 합니다. 당신은 어떤 쪽을 선택하겠습니까?

본문 22절을 보면 예수님이 침례를 받으실 때 하늘에서 이런 소리가 들렸습니다. "내가 너를 기뻐하노라." 그렇습니다. 우리는 하나님의 기쁨을 위해 계획된 존재입니다. 그러니 자신의 육적 즐거움과 세상 욕심과 정욕을 위해 귀한 인생을 낭비하지 마십시오. 예수님처럼 하나님의 기쁨으로 살아가십시오.

복음서를 보면 예수님을 따르던 사람들이 두 부류로 나뉩니다.

"그 후에 예수께서 나인이란 성으로 가실새 제자와 많은 무리가 동행하더니"(눅 7:11).

'무리와 제자!' 그렇습니다. 예수님과 동행한다고 제자는 아닙니다. 예수님의 말씀을 듣고 베푸신 이적을 경험하고 은사를 체험해도 자기 욕심을 위해 예수님을 쫓아다니는 무리에 불과할 수 있습니다. 예수님을 따라다니는 무리가 되지 말고, 예수님을 따르는 '참 제자'가 되십시오. 참 제자는 선생의 가르침을 따라 순종하는 자입니다.

"그러므로 예수께서 자기를 믿은 유대인들에게 이르시되 너희가 내 말에 거하면 참으로 내 제자가 되고"(요 8:31).

꼭 기억하십시오. 새로운 회복은 새로운 회복의 완성이신 예수님의 참 제자가 될 때 시작됩니다. 저는 우리 모두가 예수님의 말씀 안에 거하는 참 제자가 되어 새로운 회복을 누리기를 소망합니다.

▼

우리가 열심히 살고 최선을 다해 일하는 것은 중요합니다. 그러나 우리 삶에서 예수님이 보이지 않는다면 헛된 인생입니다. 당

신 인생의 모든 시작이 예수님이 되게 하십시오. 당신 인생의
최종 결론이 예수님이 되게 하십시오. 예수님이 우리 인생의 새
로운 회복의 핵심 포인트입니다.

"우리가 시작할 때에 확신한 것을 끝까지 견고히 잡고 있으면 그
리스도와 함께 참여한 자가 되리라"(히 3:14).

새로운 회복을

준비하라

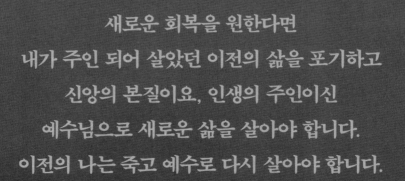

새로운 회복을 원한다면
내가 주인 되어 살았던 이전의 삶을 포기하고
신앙의 본질이요, 인생의 주인이신
예수님으로 새로운 삶을 살아야 합니다.
이전의 나는 죽고 예수로 다시 살아야 합니다.

과거에 얽매여 회복된 오늘을 잃지 말라

눅 5:30-39

살면서 한 번도 욕을 먹은 적이 없거나 비판을 받아 보지 않은 사람이 있을까요? 혹시 그런 사람이 있다면 너무 탁월하거나 완전 무익한 인생을 산 것입니다. 세상 사람들은 대부분 자기가 갖고 있는 기준과 다르면 다른 사람을 비판합니다. 자기 맘에 안 들면 다른 사람을 비난합니다. 방식이 다른 것뿐인데 틀렸다고 주장하고 심지어 욕도 합니다. 그러므로 다른 사람들에게 한 번도 욕을 안 먹고 살 수는 없습니다. 비판을 안 받을 수가 없습니다.

저도 복음과 교회를 위해 살아왔지만 때로 비난을 받았습니다.

'왜 자꾸 교회를 세우는가?'

'혼자 너무 다 해 먹는 거 아닌가?'

심지어 교회 다니는 사람들 중에도 비난하는 이들이 있었습니다. 한 교회만 세우고 섬기면 되지 왜 다른 도시에까지 교회를 세우고 확장하느냐고 비난을 받았습니다. 마치 제가 다른 교회 목사의 밥그릇을 뺏는 것처럼 욕도 먹었습니다. 그러나 교회는 목사의 생계를 보장하는 단체나 기관이 아닙니다. 죽어 가는 사람들을 살리고, 고치고, 키우는 생명의 공동체입니다.

많은 사람이 자신의 지식, 전통, 경험과 다르면 비판합니다. 왜 하던 대로 하지 않고, 살던 대로 살지 않느냐는 것입니다. 그러나 오래전 구본형 씨가 쓴 《익숙한 것과의 결별》(을유문화사), 《낯선 곳에서의 아침》(을유문화사)이라는 책의 내용처럼, 우리가 하던 대로 하고 살던 대로만 살면 아무 발전이 없습니다. 같은 결과만 얻게 됩니다.

권오현 전 삼성전자 회장은 《초격차》(쌤앤파커스)라는 책에서 이렇게 말했습니다.

새로운 문명과 변화를 거부한 집단은 항상 쇠퇴했다는 사실을 역사가 증명한다.

변할까 말까, 이것은 선택이 아니라 필수입니다. 코로나는 세상 사람들의 생각과 방식을 완전히 바꾸었습니다. 거리보다 시간이 더 중요합니다. 장소보다 영향력이 더 중요합니다. 어디

제품인지보다 누가 사용하는 제품인지가 더 중요합니다. 내 진심보다 다른 사람들의 평가가 더 중요한 시대가 되었습니다.

구태의연한 사고방식으로는 발전은커녕 생존도 할 수 없습니다. 교회도 이제는 세상 사람들에게 매력이 있도록 변해야 합니다. 신앙생활도 마찬가지입니다. 새롭게 되어야 합니다.

"너희는 유혹의 욕심을 따라 썩어져 가는 구습을 따르는 옛 사람을 벗어 버리고 오직 너희의 심령이 새롭게 되어 하나님을 따라 의와 진리의 거룩함으로 지으심을 받은 새사람을 입으라" (엡 4:22-24).

본문의 배경은 이렇습니다. 당시 유대인들은 세리를 증오했습니다. 로마 제국에 내는 세금도 만만치 않은데, 동족이면서도 자기들 몫까지 더 붙여 세금을 거둬들이는 세리들의 행태에 치를 떨고 있는 상황이었습니다. 하지만 예수님은 이런 세리 마태를 찾아가 제자를 삼고 그와 교제하셨습니다. 이를 본 많은 바리새인과 서기관들은 전통적인 율법을 빙자해 예수님을 비난했습니다. 유대인이라면 당연한 반응입니다. 그런데 예수님은 이런 바리새인들에게 이렇게 말씀하셨습니다.

"새 포도주를 낡은 가죽 부대에 넣는 자가 없나니 만일 그렇게 하

면 새 포도주가 부대를 터뜨려 포도주가 쏟아지고 부대도 못 쓰
게 되리라 새 포도주는 새 부대에 넣어야 할 것이니라"(눅 5:37-38).

그렇습니다. 새로운 회복을 원한다면 새로운 신앙으로 살아
야 합니다. 옛 생각과 옛 기준과 옛 방식을 고집해서는 새로운
회복을 누릴 수 없습니다. 그렇다면 새로운 회복은 어떻게 누릴
수 있을까요?

신앙의 본질에 충실하라

"예수께서 그들에게 이르시되 혼인집 손님들이 신랑과 함께 있
을 때에 너희가 그 손님으로 금식하게 할 수 있느냐 그러나 그날
에 이르러 그들이 신랑을 빼앗기리니 그날에는 금식할 것이니
라"(눅 5:34-35).

예수님이 유대인들이 혐오하는 세리와 함께 식사를 하시자
바리새인들은 율법을 어기는 예수님을 비난합니다. 그러나 모
든 것을 버려두고 예수를 따른 세리 마태에게는 단순한 식사가
아니었습니다. 이는 새로운 인생의 출발을 위한 출정식과 같은
잔치였습니다. 그래서 주님은 혼인집 비유를 통해 그들이 강조

하는 신앙의 본질이 무엇인지에 대해 알려 주고 계신 것입니다.

아무리 잔치가 화려하고 성대해도 혼인 잔치의 주인공은 신랑입니다. 혼인 잔치에 사람이 많아도 신랑이 없다면 그 잔치는 아무런 의미가 없는 것입니다. 잔치의 중심은 신랑이기 때문입니다. 결국 주님이 말씀하신 잔치의 비유는, 신앙의 본질은 새로운 회복의 시작이자 완성인 예수 그리스도이심을 강조하는 것입니다.

새로운 회복을 원합니까? 새로운 회복의 시작이요, 완성이신 예수 그리스도가 신앙의 본질임을 기억하십시오. 예수님을 인생의 기준으로 삼고 당신의 삶의 중심에 모시십시오.

그런데 무지한 바리새인들은 예수님이 신앙의 본질임을 깨닫지 못하고 과거 율법을 기준으로 예수님을 판단하고 비판했습니다. 예수님이 너무 세속적이고 비신앙적이라고 계속 비판했습니다. 그러나 본문 뒤에 나오는 누가복음 6장을 보십시오. 바리새인들이 안식일에 이삭을 잘라 손으로 비벼 먹고 있는 제자들을 또 비난하자 예수님께서는 이렇게 말씀하셨습니다.

"또 이르시되 인자는 안식일의 주인이니라 하시더라"(눅 6:5).

예수님이 안식일의 주인이고 신앙의 본질이라는 것입니다. 그렇습니다. 금식이든 예배든 사역이든, 모든 신앙의 기준과 중심은 예수님이어야 합니다. 예수님이 신앙의 본질이기 때문입니다.

> "이같이 율법이 우리를 그리스도께로 인도하는 초등 교사가 되어 우리로 하여금 믿음으로 말미암아 의롭다 함을 얻게 하려 함이라"(갈 3:24).

> "그리스도는 모든 믿는 자에게 의를 이루기 위하여 율법의 마침이 되시니라"(롬 10:4).

정말로 새로운 회복을 원한다면 신앙의 틀을 바꿔야 합니다. 우리의 지식과 경험과 전통으로 만들어진 틀 자체를 바꿔야 합니다. 당신이 주인 된 틀을 깨뜨려 예수님이 주인 되시는 새 틀을 만드십시오. 내가 주인이었던 과거 기준과 이전 시선으로 인생을 바라보지 마십시오. 우리 인생의 주인 되시는 예수님의 시선과 기준으로 세상을 바라보십시오. 우리는 본질에 충실해야 합니다. 예수님이 곧 신앙의 본질입니다. 예수님이 새로운 회복의 시작이고, 완성입니다.

한문 고사성어에 '견월망지'(見月忘指)라는 표현이 있습니다. 달을 가리키는 손가락 끝을 보지 말고 달을 쳐다보라는 뜻입니다. 아무리 열심히 손가락을 쳐다봐도 달은 느낄 수 없습니다.

그런데 바리새인과 서기관들이 그랬습니다. 그들은 율법이 안내하는 예수님을 바라보지 않았습니다. 오직 율법의 조문들만 외우며 지켰습니다. 열심은 있었지만 핵심을 놓쳤습니다.

주님은 신앙의 본질을 잃어버린 바리새인들에게 이렇게 말씀하셨습니다.

"묵은 포도주를 마시고 새것을 원하는 자가 없나니 이는 묵은 것이 좋다 함이니라"(눅 5:39).

이 말은 묵은 것이 좋은 것이라는 당시 유대인 속담인데, 한국에도 비슷한 표현이 있습니다. "묵은 솔이 광솔이다." 이 표현은 현실에 안주하고 과거에 매인 모습을 의미합니다. 그러나 정말로 새로운 회복을 원한다면 현실에 안주하지 마십시오. 과거의 전통을 고수하거나 내 지식과 경험을 주장하지 마십시오. 우리는 신앙의 본질이신 예수님을 붙들고 예수님 안에서 살아야 합니다.

새 포도주는 반드시 새 부대에 담아야 합니다. 새 포도주이신 예수님을 중심에 모시는 새 부대가 되십시오. 성도는 이전보다 나은 삶을 사는 자가 아닙니다. 새사람입니다. 세상이 아날로그에서 디지털로 바뀐 것처럼, 우리 인생의 기본 틀도 완전히 바꿔야 합니다. 인생을 새로운 시각에서 바라보십시오.

한 예로, 어떤 남자가 교제하던 여자와 결혼한 후에 지금까지 교제했던 여자들을 다 데리고 신혼집에 들어가는 경우는 없습니다. 이는 말도 안 되는 일입니다. 그런데 말도 안 되는 그 일을 우리가 하고 있습니다. 새로운 회복을 원한다면 내가 주인되어 살았던 이전의 삶을 포기하고 신앙의 본질이요, 인생의 주인이신 예수님으로 새로운 삶을 살아야 합니다. 이전의 나는 죽고 예수로 다시 살아야 합니다.

> "형제들아 내가 그리스도 예수 우리 주 안에서 가진바 너희에 대한 나의 자랑을 두고 단언하노니 나는 날마다 죽노라"(고전 15:31).

내 인생은 내 것이 아니라 다 주님의 것입니다. 가정과 자녀와 사업에 대한 시선을 바꾸십시오. 당신이 갖고 있던 인생의 틀을 바꾸십시오. 내 소유라는 가치관을 청지기 패러다임으로 바꾸십시오. 우리는 예수님이 새로운 회복의 핵심이고 중심이라는 신앙의 본질에 충실해 새로운 회복을 경험하는 그리스도인이 되어야 합니다.

회복의 목적에 집중하라

바리새인들이 예수님께 당신이 그리스도라면서 대체 왜 죄인들과 어울리느냐고 계속 비난하자 예수님은 이렇게 대답하십니다.

"예수께서 대답하여 이르시되 건강한 자에게는 의사가 쓸 데 없고 병든 자에게라야 쓸 데 있나니 내가 의인을 부르러 온 것이 아니요 죄인을 불러 회개시키러 왔노라"(눅 5:31-32).

예수님이 세상에 오신 목적은 무너지고 망가지고 부서진 우리 인생을 새롭게 회복시키시기 위함입니다. 하나님과의 깨어진 관계를 다시 회복시키시기 위함입니다. 병든 우리를 회복시키시기 위함입니다.

제가 예전에 성도들에게 금연, 금주를 강조했더니 의사인 한 성도가 적당히 하라며 농담을 했습니다. 그러면 병원 다 망한다고 말입니다. 환자가 없다면 의사는 필요 없습니다. 의사는 병든 자를 위해 존재하는 것입니다. 마찬가지입니다. 세상이 의로웠다면 주님이 이 땅에 오실 필요가 없었을 것입니다. 어떤 성도는 교회에 거룩한 사람만 있는 줄 생각하다가 실망합니다. 그러나 오해하지 마십시오. 교회는 죄인으로 가득한 곳입니다. 그래서 교회는 예수님의 은혜가 넘쳐야 하는 것입니다.

예수님이 세상에 오신 목적은 연약하고 못되고 죄악된 우리를 새롭게 회복시켜 구원해 하나님의 자녀로 삼기 위함입니다.

그래서 주님은 사람들이 미워하는 죄인과 세리 및 병든 자와 약한 자들에게 다가가신 것입니다. 주님은 그들을 구제하기 위해 오신 것이 아닙니다. 하나님의 자녀로 회복시키기 위해 오신 것입니다.

우리도 예수님처럼 목적에 집중하는 삶을 살아야 합니다. 주님이 우리를 구원하신 목적대로 하나님의 축복을 누리고 나누며, 우리 왕이신 하나님을 높이고 전하는 삶을 살아야 합니다. 무엇을 하든지 하나님의 영광을 위해 살아야 합니다. 이 말은 먹든지, 마시든지, 무엇을 하든지 하나님을 목적으로 살라는 것입니다. 이런 하나님의 목적을 놓치고 살면 삼손처럼 인생을 낭비합니다.

알다시피 하나님이 삼손을 세우고 그에게 능력을 주신 이유는 이방 여인의 뒤꽁무니나 쫓아다니라고 주신 것이 아닙니다. 우상을 섬기다 고통당하는 백성을 구원하도록 주신 것입니다. 그런데 삼손은 그 엄청난 시간과 재능과 능력을 낭비해 버렸습니다. 하나님의 목적을 이루긴 했지만 너무 부끄러운 결과를 이루게 되었습니다. 하나님이 택하신 목적에 집중하지 않았기 때문입니다. 그래서 A. W. 토저(Tozer)는 《예수》(규장 역간)라는 책에서 목적에 집중하지 않는 것을 죄라고 말합니다. 계속해서 그는 이렇게 주장합니다.

많은 그리스도인들이 죄가 아니니까 괜찮다고 생각하며 사소한 일들로 분주히 살아간다. 이건 마치 아인슈타인이 종이 인형을 오리느라 분주한 것처럼 무가치한 일들이다.

우리는 아무도 "아인슈타인, 당신은 큰 죄를 범하고 있습니다"라고 말하진 않을 것입니다. 그러나 그 자리를 떠난 후 고개를 가로저으며 "세계 6대 천재 중 한 사람이 저런 똑똑한 머리를 가지고 종이 인형을 오리고 있다니!"라고 말할 것입니다.

당신은 어떻습니까? 당신은 당신을 구원하신 목적에 집중하며 살고 있습니까, 아니면 쓸데없는 것을 증명하는 데 인생을 낭비하고 있습니까? 목적에 집중하십시오. 당신을 구원하신 하나님의 목적에 집중하십시오. 당신이 처한 일터와 삶터에서 우리를 구원하신 예수님 그리고 우리를 사랑하신 하나님을 높이고 전하는 자가 되십시오. 오늘의 내가 되게 하신 하나님의 목적에 집중하며 살아가십시오.

우리는 사업을 시작하거나 직장에 다니는 일, 돈을 버는 목적 등을 분명히 해야 합니다. 교사와 목자들도 자신을 세운 섬김의 목적을 잊지 말아야 합니다. 교회에서 당신을 직분자로 세운 목적에 집중하십시오.

주님은 당신을 비난하는 바리새인들을 향해 이렇게 말씀하십니다.

"묵은 포도주를 마시고 새것을 원하는 자가 없나니 이는 묵은 것
이 좋다 함이니라"(눅 5:39).

주님은 유대인 속담을 인용해 '너희 말대로 묵은 포도주가 좋
다. 그러나 새 포도주는 새 부대에 넣어야지, 낡은 부대에 넣을
수는 없다. 그건 너무 어리석은 짓이기 때문이다'라고 말씀하셨
습니다. 하지만 바리새인들은 이 당연한 것을 당연하게 생각하
지 않았습니다. 오히려 새 포도주로 오신 예수님을 자기들이 갖
고 있던 율법이라는 낡은 부대에 넣으려고 어리석은 비판을 하
고 있습니다.

그런데 이게 바로 오늘날 성도들의 모습입니다. 헌 옷에 새 옷
을 잘라서 붙이는 어리석은 신앙인이 되지 마십시오. 이전 것을
고집하는 병든 신앙인이 되지 말고, 건강한 신앙인이 되십시오.

바리새인들에게 논란을 제공했던 세리는 이렇게 반응했습
니다.

"그 후에 예수께서 나가사 레위라 하는 세리가 세관에 앉아 있는
것을 보시고 나를 따르라 하시니 그가 모든 것을 버리고 일어나
따르니라"(눅 5:27-28).

세리라는 안정된 직업과 지금까지 벌었던 모든 것을 버렸다

는 것은 과거의 자신을 버렸다는 것입니다. 그리고 세리 레위는 일어나 예수님을 따랐습니다. 그 결과로 새로운 회복의 주인공이 되었습니다.

▼

새로운 회복을 원합니까? 그렇다면 신앙의 본질에 충실하십시오. 예수님이 우리 인생의 주인이십니다. 구원의 목적에 집중하십시오. 그리고 당신을 구원하신 주님을 높이고 전하십시오.

> "그런즉 누구든지 그리스도 안에 있으면 새로운 피조물이라 이
> 전 것은 지나갔으니 보라 새것이 되었도다"(고후 5:17).

새 포도주는 새 부대에 넣어야 합니다. 저는 그리스도인 모두가 새로운 믿음으로 새로운 회복을 누리는 존귀한 하나님의 자녀가 되기를 소망합니다.

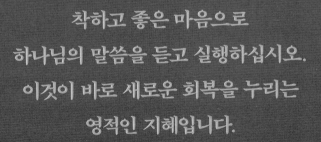

착하고 좋은 마음으로
하나님의 말씀을 듣고 실행하십시오.
이것이 바로 새로운 회복을 누리는
영적인 지혜입니다.

7

좋은 밭으로
백 배의 결실을 맺는 법

회복은 저절로 주어지지 않는다

눅 8:4, 9-18

예전 아이들이 갖고 있던 장래 희망과 요즘 아이들이 원하는 장래 희망은 좀 다릅니다. 요즘은 '유튜버'와 '건물주'가 인기입니다. 둘에게는 공통점이 있는데, 손쉽게 돈을 번다는 점입니다. 보통 유튜버라고 불리는 '크리에이터'는 일종의 연예인입니다. 자기가 하고 싶은 것을 하면서 자신의 일상을 공유함으로 돈을 버는 직업입니다. 유튜버를 하며 많은 돈을 버는 사람도 있습니다. 건물주도 임대 사업으로 쉽게 돈을 버는 직업(?)입니다. 오죽하면 '조물주 위에 건물주'라는 말이 나오겠습니까? 물론 요즘은 각종 세금과 정책 때문에 이것도 어렵다고 합니다.

지금 시대는 뭐든지 쉽게, 고생하지 않고, 거저 얻으려 합니다. 그러나 눈물을 흘리며 노력해서 얻은 것에는 감사가 있습니다. 가치가 있습니다. 수고해서 얻은 만큼 소중히 여깁니다. 그래서 시편 126편 6절은 "울며 씨를 뿌리러 나가는 자는 반드시 기쁨으로 그 곡식 단을 가지고 돌아오리로다"라고 말씀합니다.

세상에 노력하지 않고 얻어지는 공짜란 거의 없습니다. 정당한 대가를 지불해야 합니다. 신앙생활도 마찬가지입니다. 하나님의 은혜 외에는 공짜가 없습니다. 믿음에도 대가 지불이 필요합니다. 예수님은 "누구든지 나를 따라오려거든 … 자기 십자가를 지고"(마 16:24) 따르라고 말씀하셨습니다. 새로운 회복도 저절로 주어지지 않습니다. 새로운 회복을 원한다면, 새로운 회복을 위한 새로운 믿음을 가져야 합니다.

새로운 회복은 믿음으로 준비할 때 주어지는 하나님의 선물입니다. 혼인 잔치 비유를 보십시오. 등불을 들고 있던 신부는 열 명이었지만, 준비한 다섯 명만 들어갈 수 있었습니다. 골리앗을 쓰러뜨린 다윗도 평소 연습하며 준비했던 물맷돌로 쓰러뜨린 것입니다. 많은 사람이 새로운 회복을 기대하지만, 기이한 일을 행하시는 하나님의 새로운 회복을 누리려면 준비된 믿음이 필요합니다.

본문이 바로 그것을 이야기하고 있습니다. 예수님은 당신의 가르침을 듣기 위해 그리고 이적과 기적을 기대하며 몰려오는 많은 사람에게 비유로 말씀하셨습니다. 제자들이 그 비유의 뜻이 무엇인지 묻자 예수님이 친히 설명해 주셨습니다.

"각 동네 사람들이 예수께로 나아와 큰 무리를 이루니 예수께서 비유로 말씀하시되 … 제자들이 이 비유의 뜻을 물으니 … 이 비유는 이러하니라 씨는 하나님의 말씀이요 … 좋은 땅에 있다는 것은 착하고 좋은 마음으로 말씀을 듣고 지키어 인내로 결실하는 자니라"(눅 8:4, 9, 11, 15).

우리나라의 경우에는 농작물을 재배할 때 모판에 정확하게 줄을 대고 작업을 합니다. 그러나 이스라엘은 한국처럼 좋은 밭이 별로 없다 보니 계단형으로 작물을 재배하는 곳이 많습니다. 그래서 주님의 말씀처럼 더러는 길가, 바위 위, 가시떨기 속에 떨어집니다. 오직 좋은 땅에 뿌려진 씨만이 많은 열매를 맺습니다. 똑같이 씨를 뿌리지만 어디에 떨어지느냐에 따라 결실이 달라지는 것입니다.

신앙생활도 같은 이치입니다. 똑같이 교회를 다녀도 말씀을 듣고 새로운 회복과 축복을 누리는 사람이 있는가 하면, 그저 교회만 다니는 사람, 혹은 실족해서 교회를 떠나는 사람도 있습니다. 그렇다면 우리가 새로운 회복을 누리기 위해서는 어떻게 해야 할까요?

실행하는 믿음으로 살아가라

"좋은 땅에 있다는 것은 착하고 좋은 마음으로 말씀을 듣고 지키
어 인내로 결실하는 자니라"(눅 8:15).

많은 열매를 맺는 좋은 땅은 듣고 지키며 실행하는 믿음을 의
미합니다. 성도들이 교회는 열심히 다니지만 말씀에 약속된 새
로운 회복과 축복을 누리지 못하는 이유는 단지 듣기만 해서입
니다. 말씀을 듣기만 하지 말고 말씀을 실행하는 믿음을 가지십
시오. 그래야 새로운 회복을 경험합니다. 실행하는 믿음을 가질
때 바라는 것들이 실상이 되고, 보이지 않는 것들이 증거가 됩
니다. 히브리서 4장 12절 말씀처럼, 하나님의 말씀은 살아 있고
활력이 있어 기이한 일을 행하고 기적을 만드는 하나님의 능력
이기 때문입니다.

실행하는 믿음으로 말씀의 기적과 성령의 능력을 경험하십
시오. 그래서 예수님도 "나를 너희 마음에 받아들이라"고 말씀
하지 않고 "나를 따르라"고 행동을 촉구하셨습니다. "내가 말한
것을 믿으라"고 하지 않고 "내 말을 듣고 행하라"고 강조하셨습
니다. 교회에서 목장 모임과 양육을 하는 이유도 여기에 있습니
다. 예배 때 말씀을 들었다고 끝난 것이 아닙니다. 말씀을 자신
에게 적용하고 뿌리를 내리게 하는 과정이 필요합니다. 성경은

말씀합니다.

"행함이 없는 믿음은 그 자체가 죽은 것이라"(약 2:17).

앎이 삶이 되는 신앙을 가져야 합니다. 작은 것에서부터 말씀을 듣고 실행하는 믿음을 가져야 새로운 회복을 누릴 수 있습니다. 그래서 주님은 실행하는 믿음, 말씀을 듣고 지켜 인내로 결실하는 좋은 땅 신앙에 대해 계속 강조하고 계시는 것입니다.

그런데 본문 5절에 보면 예수님은 좋은 땅이 아닌 것에 대해서도 설명하십니다. 그 첫 번째가 '길가 신앙'입니다.

"씨를 뿌리는 자가 그 씨를 뿌리러 나가서 뿌릴새 더러는 길가에 떨어지매 밟히며 공중의 새들이 먹어 버렸고"(눅 8:5).

주님은 이 말씀을 이렇게 해석해 주십니다.

"길가에 있다는 것은 말씀을 들은 자니 이에 마귀가 가서 그들이 믿어 구원을 얻지 못하게 하려고 말씀을 그 마음에서 빼앗는 것이요."(눅 8:12).

신앙생활은 영적 전쟁입니다. 마귀는 하나님의 말씀이 우리 마음에 자리 잡지 못하도록 우리가 들은 구원의 말씀을 빼앗아 갑니다. 마귀는 새로운 회복을 집요하게 방해합니다. 그래서 성경은 이렇게 말씀합니다.

"근신하라 깨어라 너희 대적 마귀가 우는 사자같이 두루 다니며 삼킬 자를 찾나니"(벧전 5:8).

우리는 신앙생활이 영적으로 죽고 사는 전쟁이라는 사실을 분명하게 인식해, 근신하고 깨어서 들은 말씀을 지켜 실행하는 믿음으로 살아야 합니다. 알다시피 전쟁은 너무 힘듭니다. 괴롭습니다. 두렵고 지칩니다. 하지만 우리는 이겨 놓은 싸움을 하는 것입니다. 말씀을 듣고 지켜 실행하는 믿음으로 인내해 새로운 회복을 누리는 자가 되십시오.

이어서 주님은 '바위 위 신앙'에 대해서 언급하십니다.

"바위 위에 있다는 것은 말씀을 들을 때에 기쁨으로 받으나 뿌리가 없어 잠깐 믿다가 시련을 당할 때에 배반하는 자요"(눅 8:13).

인생은 시련의 연속입니다. 시련 없는 신앙생활은 없습니다. 마귀는 우리를 넘어뜨리려고 인생의 여러 문제들을 사용해서 시련을 겪게 합니다. 우리는 코로나라는 큰 시련을 겪고 있습니다. 신실한 그리스도인들도 이 같은 큰 시련이 오면 잠시 낙심할 수 있습니다. 그러나 시련은 이기고 극복해서 성장하는 도구로 사용해야지, 시련 때문에 넘어지고 쓰러지고 포기하면 안 됩니다.

주님은 '가시떨기 신앙'에 대해서도 말씀하십니다.

"더러는 가시떨기 속에 떨어지매 가시가 함께 자라서 기운을 막았고"(눅 8:7).

성도의 새로운 회복을 막는 가시는 무엇입니까?

"가시떨기에 떨어졌다는 것은 말씀을 들은 자이나 지내는 중 이생의 염려와 재물과 향락에 기운이 막혀 온전히 결실하지 못하는 자요"(눅 8:14).

가시는 이생의 염려와 재물과 향락을 의미합니다. 주님을 바라보고 주님과 동행하는 삶을 살아야 될 성도들이 세상 염려 또는 재물과 향락에 자신의 믿음을 팔아넘깁니다. 그러나 분명히 기억하십시오. 염려는 불신앙입니다. 염려는 우리를 위하고 돌보시는 주님을 믿지 못하는 행위입니다. 염려할 시간에 기도하십시오. 범사에 감사하는 기도로 승리하십시오. 잠시 사는 세상의 재물과 향락에 영혼을 바치지 마십시오.

주님은 새로운 회복을 위해 '좋은 땅 신앙'을 강조하십니다.

"좋은 땅에 있다는 것은 착하고 좋은 마음으로 말씀을 듣고 지키
어 인내로 결실하는 자니라"(눅 8:15).

좋은 땅에 있다는 것은 '착하고 좋은 마음'을 갖고 실행하는
믿음으로 사는 것입니다. 그래서 성경은 우리 마음을 지키라고
당부합니다. 생명의 근원이 우리 마음에서 나기 때문입니다. 착
하고 좋은 마음으로 하나님의 말씀을 듣고 실행하십시오. 이것
이 바로 새로운 회복을 누리는 영적인 지혜입니다.

"그러므로 누구든지 나의 이 말을 듣고 행하는 자는 그 집을 반석
위에 지은 지혜로운 사람 같으리니"(마 7:24).

좋은 씨가 좋은 밭을 만나야 많은 열매를 맺듯이, 좋은 말씀
이 좋은 마음을 만나야 회복의 열매를 맺게 됩니다. 좋은 밭이
되도록 말씀과 기도로 당신의 삶과 마음을 새롭게 하십시오.

"너희는 말씀을 행하는 자가 되고 듣기만 하여 자신을 속이는 자
가 되지 말라"(약 1:22).

살아 계신 하나님의 말씀은 새로운 회복을 만드는 영적인 힘과 능력입니다. 실행하는 믿음으로 말씀이 새로운 회복이 되게 하십시오.

수용적인 믿음으로 반응하라

주님은 씨 뿌리는 비유를 말씀하신 후 이렇게 강조하십니다.

"그러므로 너희가 어떻게 들을까 스스로 삼가라"(눅 8:18).

'어떻게 들을까 스스로 삼가라'는 것은 '주의 깊게 들으라'는 뜻입니다. 다시 말해 수용적인 믿음으로 들으라는 것입니다. 똑같은 말씀이라도 어떤 마음과 태도로 듣느냐가 중요합니다.

제 아내가 아팠을 때 함께 의사를 만나면 모든 주의를 기울여 들었습니다. 의사의 진단과 처방은 곧 생명과 연결되어 있기 때문에 잔뜩 긴장하며 단어 하나도 놓치지 않으려고 집중했습니다. 잘 모르면 다시 물어봤고, 의사의 처방에 따라 살려고 노력했습니다. 새로운 회복을 경험하려면 하나님의 말씀을 나에게 하시는 말씀으로 받는 영적 수용성이 있어야 합니다.

"하나님의 말씀을 받을 때에 사람의 말로 받지 아니하고 하나님의 말씀으로 받음이니 진실로 그러하도다 이 말씀이 또한 너희 믿는 자 가운데에서 역사하느니라"(살전 2:13).

그래서 '아멘'이 중요합니다. '아멘'은 수용하는 믿음의 표현입니다. 하나님의 말씀을 들을 때마다 나에게 주시는 하나님의 뜻이 무엇인지 분별해서 수용하려는 열린 마음과 태도로 들어야 합니다. 그래야 수용하는 믿음으로 들은 하나님의 말씀이 내 삶이 되고, 내 존재가 되고, 내 미래가 되는 것입니다. 수용적인 믿음으로 새로운 회복이 당신의 것이 되게 하십시오.

하지만 바리새인과 율법 교사들은 예수님을 배타적인 시각에서 바라보았습니다. 그들은 예수님을 자신들의 기득권을 무너뜨리는 존재로 인식했습니다. 주님의 말씀을 나쁜 마음으로 듣고 비판했습니다. 그래서 주님은 제자들에게 이렇게 말씀하셨습니다.

"이르시되 하나님 나라의 비밀을 아는 것이 너희에게는 허락되었으나 다른 사람에게는 비유로 하나니 이는 그들로 보아도 보지 못하고 들어도 깨닫지 못하게 하려 함이라"(눅 8:10).

이게 무슨 말입니까? 예수님의 제자들만 하나님 나라의 비밀을 알고, 나머지 사람들은 깨닫지 못하고 죽으라는 말입니까? 아닙니다. 바리새인은 수용하는 믿음이 없어서 깨닫지 못했다는 말입니다. 예수님이 문제였습니까? 아닙니다. 길가, 바위 위, 가시떨기 같은 마음으로 듣는 사람들이 문제였습니다. 그래서 주님은 비유를 마치고 이렇게 말씀하셨습니다.

"누구든지 등불을 켜서 그릇으로 덮거나 평상 아래에 두지 아니하고 등경 위에 두나니 이는 들어가는 자들로 그 빛을 보게 하려 함이라"(눅 8:16).

주님은 모든 사람이 복음을 듣고 새로운 회복의 은혜를 받기 원하셨습니다. 그런데 바리새인과 율법 교사들은 주님의 말씀을 수용하려는 믿음이 없었기에 이 놀라운 축복을 누리지 못했습니다.

"바리새인과 율법 교사들은 그의 침례를 받지 아니함으로 그들 자신을 위한 하나님의 뜻을 저버리니라"(눅 7:30).

바리새인들처럼 자신을 위한 하나님의 뜻을 저버리는 어리석은 자가 되지 마십시오. 아무리 예수님을 부정하고 부인해도 새로운 회복을 선포하신 하나님의 뜻은 반드시 이루어지게 되어 있습니다.

때로 하나님의 계획을 이해할 수 없어도 하나님의 말씀을 아멘으로 수용하십시오. 때로는 견딜 수 없고 더 이상 버틸 수 없다는 생각이 들어도 이기게 하시는 말씀을 수용하고 끝까지 인내하십시오. 비록 지금은 다 알 수 없지만, 당장은 우리 눈에 아름다운 결말이 보이지 않지만, 무너지고 망가진 이 땅과 우리 삶에 새로운 회복을 선포하신 주의 말씀과 약속은 반드시 이루어질 것입니다.

주님은 씨 뿌리는 비유를 마치면서 이렇게 말씀하십니다.

"숨은 것이 장차 드러나지 아니할 것이 없고 감추인 것이 장차 알려지고 나타나지 않을 것이 없느니라"(눅 8:17).

그렇습니다. 하나님이 약속하신 새로운 회복은 반드시 이루어집니다. 잘되고 있는 것입니다. 잘될 것입니다. 반드시 잘되게 되어 있습니다.

인생은 투쟁입니다. 사람들은 먹고살기 위해 생존 투쟁을 합니다. 다른 사람들에게 인정받기 위한 인정 투쟁, 승진 투쟁을 합니다. 안타깝지만 신앙도 투쟁입니다. 아니, 투쟁보다 더 치열한 영적 전쟁입니다.

하나님이 약속하신 새로운 회복은 저절로 주어지지 않습니다. 우리가 준비한 만큼 채워 주십니다. 각자의 분량대로 축복하시는 하나님의 채움 원리를 이해하고 새로운 믿음으로 준비하십시오. 실행하는 믿음으로 살아가고, 수용하는 믿음으로 반응하십시오. 그럴 때 우리의 구원을 빼앗고 새로운 회복의 은혜를 방해하는 마귀와의 싸움에서 승리해 놀라운 회복을 누리게 될 것입니다.

주님은 우리를 살리고 고치려고 세상에 오셨습니다. 우리에게 자유와 평안을 주려고 오셨습니다. 지금은 앞이 보이지 않지만, 어둠에 빛이 되신 주님이 새로운 회복을 이루실 것입니다.

"아무것도 염려하지 말고 다만 모든 일에 기도와 간구로, 너희 구할 것을 감사함으로 하나님께 아뢰라 그리하면 모든 지각에 뛰어난 하나님의 평강이 그리스도 예수 안에서 너희 마음과 생각을 지키시리라"(빌 4:6-7).

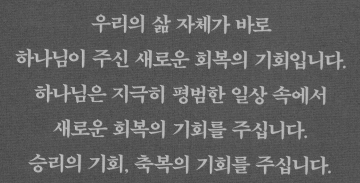

우리의 삶 자체가 바로
하나님이 주신 새로운 회복의 기회입니다.
하나님은 지극히 평범한 일상 속에서
새로운 회복의 기회를 주십니다.
승리의 기회, 축복의 기회를 주십니다.

8

착하고 충성된 종으로
쓰임 받는 법

반복되는 일상 속에 회복이 있다

눅 12:35-44

저는 군 생활을 국방부에서 했습니다. 국방부에는 세 개의 현관이 있는데 주로 C 현관 앞에서 경비를 섰습니다. 가끔은 A 현관 앞에서 도어맨을 했습니다. 장군들이 나오면 긴장하고 있다가 문을 열어 줘야 합니다. 밤에는 중요 지점 앞에서 경비병으로 근무했습니다. 그러다 보니 항상 긴장해서 준비하고 있지 않으면 큰일 납니다. 역사를 살펴보면 나라가 힘이 없어 망한 것이 아닙니다. 스스로 망한 것입니다.

중국에 가면 만리장성이 있습니다. 높이 9미터, 두께 5미터, 총 길이 3,000킬로미터나 되는 거대한 장벽입니다. 저도 오래전에 가 봤는데 정말 엄청납니다. 이 만리장성은 한족들이 흉노족, 몽골족과 같은 북방 민족들의 침략을 막기 위해 만든 것입니다. 그런데도 그들은 적의 침입에 시달렸습니다. 왜 그런지 아십니까? 만리장성에는 여러 개의 관문이 있는데, 이곳을 지키는 문지기에게 뇌물을 주면 문을 열어 줬기 때문입니다. 높고 견고한 성을 쌓았지만 하찮은 뇌물에 무용지물이 되었습니다.

신앙생활도 마찬가지입니다. 주님은 우리를 위해 새로운 회복을 계획하고 예비해 놓으셨는데 우리는 신앙으로 깨어 준비하지 않습니다. 오히려 사소한 세상 욕심에 중요한 자기 믿음을 팔아넘깁니다. '이런 것쯤이야'라는 풀어진 생각과 영적 안일함 그리고 사탄에 대한 경계를 늦출 때 믿음에 문제가 발생되는 것입니다. 그래서 본문은 주인이 올 때까지 깨어 있으라고 강조합니다.

> "허리에 띠를 띠고 등불을 켜고 서 있으라 너희는 마치 그 주인이
> 혼인집에서 돌아와 문을 두드리면 곧 열어 주려고 기다리는 사람
> 과 같이 되라"(눅 12:35-36).

오늘날 어떤 성도들은 아무 준비 없이 기대하다가 실망합니다. 하나님이 문제라고 생각합니다. 아닙니다. 항상 우리가 문제입니다. 하나님은 우리를 위해 하나뿐인 아들의 생명까지도 아끼지 않는 분이십니다.

하나님은 다 응답하십니다. 다만 우리가 구하지 않아서 받지

못하는 것입니다. 하나님은 채워 주십니다. 다만 우리가 준비하지 않아서 받지 못하는 것입니다. 하나님은 우리에게 복을 주십니다. 다만 우리가 준비되지 못해서 받지 못하는 것입니다.

> "나는 너를 애굽 땅에서 인도하여 낸 여호와 네 하나님이니 네 입을 크게 열라 내가 채우리라 하였으나 내 백성이 내 소리를 듣지 아니하며 이스라엘이 나를 원하지 아니하였도다"(시 81:10-11).

'새로운 회복은 영적으로 그리고 믿음으로 준비된 자에게 주시는 하나님의 선물'입니다. 하나님은 우리의 회복을 우리보다 더 원하십니다. 하나님이 예비하신 새로운 회복의 기회를 잡으십시오.

그렇다면 새로운 회복의 기회란 무엇입니까?

주님이 사랑하시는 내 존재가 기회다

우리는 하나님이 사랑하시는 존재입니다(요 3:16). 그래서 우리의 반복되는 실수와 큰 죄에도 불구하고 계속 기회를 주시는 것입니다. 하나님의 자녀라는 존재, 그 자체가 바로 새로운 회복의 기회입니다. 주님은 이 사실에 대해 혼인집에서 돌아오는 주인을 기다리는 사람의 비유로 설명하고 계십니다.

"너희는 마치 그 주인이 혼인집에서 돌아와 문을 두드리면 곧 열
어 주려고 기다리는 사람과 같이 되라"(눅 12:36).

유대인의 혼인은 정혼(약혼)과 결혼으로 진행됩니다. 정혼하
게 되면 1-2년 동안 신부는 자기 집에서 결혼을 준비하고, 신랑
은 집을 마련합니다. 그리고 모든 것이 다 준비되면 결혼합니
다. 본문은 혼인집에서 주인이 돌아오는 상황으로 시작됩니다.
자신의 혼인인지 아니면 가까운 친척의 혼인인지 알 수 없지만,
주인은 혼인집에 다녀오는 길입니다.

당시 혼인 잔치는 저녁부터 시작해서 5일 내지 일주일간 계
속되었습니다. 그러니 집에 있는 종은 주인이 언제 돌아오는지
알 수가 없습니다. 지금처럼 핸드폰이 있다면 좋으련만, 그때는
연락할 수 있는 수단이 없었습니다. 그런데 주님은 주인이 언
제 오더라도 문을 두드리기만 하면 곧, 즉시 문을 열어 주려고
기다리는 사람이 되라고 강조하십니다. '기다리다'는 헬라어로
'프로스데코마이'(προσδέχομαι)라고 하는데, 이는 '신뢰와 인내로
기다리다'라는 뜻입니다. 친밀한 관계를 의미하는 단어입니다.

사실 주인이 언제 올지도 모르는데 자다가 문을 두드릴 때 열
어 준다고 뭐라고 하겠습니까? 그런데 그렇게 하지 말라는 것

입니다. 주인이 언제 오든지, 주인이 올 때를 기다리며 깨어 준비하고 있으라는 것입니다. 긴장 풀고 있지 말고, 띠를 띠고 있다가 문을 두드리면 바로 나갈 수 있도록 등불을 들고 준비하라는 것입니다.

이뿐이 아닙니다. 심지어 주님은 이렇게 말씀하십니다.

"주인이 혹 이경에나 혹 삼경에 이르러서도"(눅 12:38).

이경은 밤 9시에서 12시 사이, 삼경은 밤 12시에서 3시 사이를 가리키는 로마식 시간 구분입니다. 즉 주인이 밤 9시에서 새벽 3시 사이, 곧 가장 피곤하고 힘든 시간에 도착한다 해도 준비하고 있으라는 것입니다. 사실 의무감만으로는 이렇게 할 수 없습니다. 이것은 사랑하는 관계일 때만 가능합니다. 주인에 대한 사랑과 존경, 신뢰가 있어야만 이렇게 기다릴 수 있는 것입니다.

학창 시절 야간 자율학습을 마치고 집에 가면 대부분의 엄마들은 자녀를 기다리고 있지 않습니까? 방에 들어가 누워 있어도 되는데 굳이 소파에 앉아 기다립니다. 왜 그렇습니까? 사랑하는 자녀이기 때문입니다. 우리도 마찬가지입니다. 늦은 밤까지 띠를 띠고 선 채로 깨어 기다리는 것은 억지로 되는 것이 아닙니다. 시킨다고 해서 되는 것도 아닙니다. 사랑하고 존경하는 마음이 있어야만 가능한 일입니다.

저는 이 말씀을 보면서 구약의 신명기 15장 말씀이 생각났습니다. 하나님은 백성 중에 빚을 갚지 못하거나 부득이한 사유로 종이 된 사람을 7년째에는 해방시켜 주라고 말씀하셨습니다. 단, 주인의 사랑과 은혜를 경험한 종이 그 집에서 평생 종으로 섬기기를 원한다면, 그 징표로 재판장 앞에서 문에 귀를 대고 송곳으로 그 귀를 뚫으라고 하셨습니다(출 21:6). 본문에 소개되는 사람도 이런 종인 것 같습니다. 그는 주인을 사랑해서 자발적으로 섬기는 종입니다. 자신을 책임지고 돌보는 주인을 사랑하기에 띠를 띠고 등불을 들고 깨어 기다리는 자입니다.

그런데 이게 끝이 아닙니다. 더 놀라운 이야기가 계속됩니다. 주인은 돌아와서 자기를 기다리던 종을 어떻게 대했습니까?

"주인이 와서 깨어 있는 것을 보면 그 종들은 복이 있으리로다 내가 진실로 너희에게 이르노니 주인이 띠를 띠고 그 종들을 자리에 앉히고 나아와 수종들리라"(눅 12:37).

집에 돌아온 주인은 자신이 오기를 기다리며 준비하고 있던 종을 자리에 앉히고 섬겨 줍니다. 잘 차려진 식탁에 앉게 하고, 주인이 종처럼 띠를 띠고 기다리던 종을 사랑으로 섬겨 줍니다.

결국 본문이 말하는 핵심은 '관계'입니다. '사랑하고 사랑받는 행복한 관계', 이것이 바로 깨어서 주인을 기다린 종들이 받은 '복'입니다. 그래서 공동번역은 본문 말씀을 이렇게 번역했습니다.

"주인이 돌아왔을 때 깨어 있다가 주인을 맞이하는 종들은 행복하다 … 주인이 밤중에 오든 새벽녘에 오든 준비하고 있다가 주인을 맞이하는 종들은 얼마나 행복하겠느냐?"(눅 12:37-38).

당신은 어떻습니까? 주님이 보고 싶고 기다려집니까? 주님과 함께하고 싶고, 그분을 기쁨으로 섬기고 싶습니까? 우리가 잘나서 새로운 회복의 기회가 주어지는 것이 아닙니다. 무익한 우리를 자녀로 삼아 주신 주님의 사랑 때문에 새로운 회복의 기회가 주어지는 것입니다. 우리의 허물과 죄악에도 불구하고 주님과의 관계 때문에 회복의 기회가 주어지는 것입니다.

하나님은 이 중요한 사실을 아가서를 통해 말씀하십니다. 아가서를 보면 솔로몬 왕이 검고 못생기고 하찮은 술람미 여인을 사랑합니다. 이해할 수 없는 사랑입니다. 전혀 어울리지 않는 사랑입니다. 이유 없는 사랑입니다. 못 말리는 사랑입니다. 그럼에도 아가서는 사랑의 고백으로 가득합니다. 외설스러울 정도로 뜨거운 사랑을 표현하고 고백합니다. 이 모습이 바로 보잘것없는 나를 사랑하시는 하나님의 마음입니다.

내 모습 그대로를 사랑하신 하나님, 끝까지 사랑하신 하나님, 이것이 바로 집 나간 탕자를 기다리는 아버지의 사랑입니다. 바보 같은 사랑, 조건 없는 이 사랑이 바로 우리를 향하신 하나님의 사랑입니다.

하나님이 사랑하시는 내 존재가 바로 새로운 회복의 기회입니다. 우리는 너무 죄악되고 문제가 많지만, 우리는 하나님이 아무 조건 없이 사랑하시는 존재이기에 다시 회복의 기회를 주시는 것입니다. 정말 눈물 나는 사랑입니다. 그래서 우리는 하나님을 높이고 전하는 삶을 살아야 하는 것입니다.

우리를 우리의 존재만으로 사랑하시는 하나님이 기뻐하시는 삶을 사십시오. 하나님이 싫어하시는 일은 하지 말고, 날마다 하나님과의 친밀한 관계를 유지하며 온전한 예배자로 살아가십시오.

주님이 맡겨 주신 내 사명이 기회다

"베드로가 여짜오되 주께서 이 비유를 우리에게 하심이니이까 모든 사람에게 하심이니이까"(눅 12:41).

베드로의 질문에 주님은 이렇게 대답하십니다.

"주께서 이르시되 지혜 있고 진실한 청지기가 되어 주인에게 그 집 종들을 맡아 때를 따라 양식을 나누어 줄 자가 누구냐"(눅 12:42).

주님은 청지기의 비유로 주님이 맡겨 주신 사명이 새로운 회복의 기회임을 가르쳐 주십니다. 주인은 타국에 가며 종에게 모든 일을 맡겼습니다. 청지기 사명을 주고 그를 대리 통치자로 세웠습니다. 청지기가 하는 일 중의 하나는 때를 따라 다른 종들에게 양식을 나누어 주는 것입니다. 청지기는 이런 주인의 뜻을 따라 맡겨 준 것을 지혜 있고 진실하게 관리하며 사명을 감당해야 합니다.

본문 뒤에 계속되는 주님의 말씀을 보면, 선한 청지기가 있고, 악하고 게으른 종이 있습니다. 당신은 어떤 인생을 살고 있습니까? 오늘날 성도들은 하나님께 많은 복을 받기를 소망합니다. 큰 은혜 받기를 갈망합니다. 하지만 그보다 더 중요한 것이 있습니다. 각자에게 주신 사명을 잘 감당하는 선한 청지기로 사는 것입니다. 그런데 게으르고 악한 종은 주인이 더디 오리라고 생각했습니다. 주인의 기대와는 달리 주어진 책임과 역할을 게을리 했습니다. 예수님은 주인이 돌아와서 이런 종을 엄히 추궁한다고 강력히 경고하십니다.

청지기에게 가장 중요한 덕목은 자기 위치를 명확히 아는 것입니다. 그것을 잊으면 자기가 주인 행세를 하게 됩니다. 갑질을 합니다. 우리는 맡겨 주신 사명과 인생을 선용하는 청지기가 되어야 합니다.

주님은 우리에게 많은 것을 맡겨 주셨습니다. 우리의 생명, 가정, 자녀 그리고 하나님 나라의 복음을 맡겨 주셨습니다. 우리는 주님이 다시 오실 때까지 맡겨 주신 것을 잘 관리하는 선한 청지기로 살아야 합니다.

하나님이 맡겨 주신 우리 인생이 새로운 회복의 기회입니다. 당신에게 맡겨 주신 자녀를 잘 키우십시오. 교회에서 맡겨 준 섬김의 기회를 잘 선용하십시오. 하나님이 맡겨 주신 교사, 목자의 사명에 충성하십시오. 그래서 저는 교회 교직원들에게 이렇게 강조합니다. "담임목사처럼 생각하고 일하십시오. 여러분은 담임 전도사, 담임 간사입니다." 권리 의식은 버리고 책임 의식을 갖고 살라는 의미입니다.

도요토미 히데요시(豊臣秀吉)에 관한 한 일화가 있습니다. 어느 추운 겨울, 그는 자기 주인이었던 오다 노부나가(織田信長)의 신발을 가슴팍에 품고 있었다고 합니다. 히데요시는 이런 충성심을 주인에게 인정받아 여러 기회를 얻어 승진하고, 마침내 일본을 통일하게 됩니다.

주님은 지혜롭고 신실한 청지기에게 이렇게 약속하십니다.

"주인이 이를 때에 그 종이 그렇게 하는 것을 보면 그 종은 복이 있으리로다 내가 참으로 너희에게 이르노니 주인이 그 모든 소유를 그에게 맡기리라"(눅 12:43-44).

맡은 자에게 구할 것은 충성입니다. 주님이 맡겨 주신 주님의 것에 대해 자신의 소유권을 주장하지 말고, 주를 위해 잘 사용하십시오. 오스 힐먼(Os Hillman)은 "하나님의 스케줄에 따라 사는 사람은 오직 하나님께 받은 지금 이 순간에 충성하는 사람이다"라고 말했습니다.

그런데 꼭 기억해야 할 것이 있습니다. 하나님은 당신의 손이 부족해서 우리의 충성을 요구하시는 것이 아닙니다. 하나님께서는 우리에게 부어 주실 축복의 근거를 찾으시는 것입니다. 우리의 삶 자체가 바로 하나님이 주신 새로운 회복의 기회입니다. 하나님은 지극히 평범한 일상 속에서 새로운 회복의 기회를 주십니다. 승리의 기회, 축복의 기회를 주십니다.

영국 리버풀에 위치한 워커 미술관(Walker Art Gallery)에 가면 유명한 그림이 하나 있습니다. 이 그림의 제목은 〈Faithful Unto Death〉(죽을 때까지 충성)인데, 에드워드 포인터(Sir Edward John Poynter)라는 화가가 1865년에 그린 그림입니다. 이 그림은 폼페이 유적지에서 발견된 완전 무장한 군인을 모티브로 그린 것입니다. 그래서 이 그림의 배경은 '폼페이 최후의 날'입니다.

폼페이 성안 쪽에 용암이 우박처럼 떨어지고 있습니다. 그런데 이 혼란 속에서도 성문을 묵묵히 지키는 병사가 있습니다. 병사의 시선은 화산을 향하고 있지만, 이 최악의 상황에서도 자신의 사명을 다하고자 그는 움직이지 않고 성문을 지키고 있습니다.

그렇습니다. '충성'은 어떤 상황에서도 자신의 책임을 다하는 것입니다. 그런데 주님은 '맡은 자들에게 구할 것은 충성'이라 하셨습니다. 로버트 콜먼(Robert E. Coleman)은 "성도의 임무는 주님 명령이 옳은지 따지는 것이 아니라 주님 명령을 온전히 수행하는 것이다"라고 말했습니다. 주님이 맡겨 주신 내 사명이 새로운 회복의 기회입니다. 게으르고 악한 종이 되지 말고 착하고 충성된 종이 되어 새로운 회복의 기회를 잡아 누리십시오.

▼

주님은 "주인의 뜻을 알고도 준비하지 아니하고 그 뜻대로 행하지 아니한 종은 많이 맞을 것이요"(눅 12:47)라고 말씀하십니다. 알고도 준비하지 않으면 책망을 받습니다. 주님의 말씀을 듣고도 그 뜻대로 행하지 않는 사람 역시 크게 책망을 받습니다. 범사에 감사함으로 깨어 있어 새로운 회복의 기회를 잡으십시오.

혹 감당해야 할 일이 많다고 불평하지 마십시오. 부담스럽다고 투덜대지 마십시오. 하나님은 많이 받은 자에게 많은 것을 요구하십니다. 우리에게 주어진 모든 것은 다 새로운 회복과 축복의 기회입니다.

기억하십시오. 하나님께 사랑받는 내 존재가 새로운 회복의 기회입니다. 그리고 하나님이 맡겨 주신 내 사명이 새로운 회복의 기회입니다. 하나님이 주신 새로운 회복의 기회를 잡고 누리는 복된 그리스도인이 되십시오.

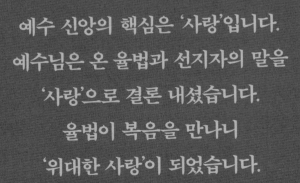

예수 신앙의 핵심은 '사랑'입니다.
예수님은 온 율법과 선지자의 말을
'사랑'으로 결론 내셨습니다.
율법이 복음을 만나니
'위대한 사랑'이 되었습니다.

9

하나님을 사랑하고
이웃을 사랑하는 법

사랑은 가장 완벽한 회복의 증거다

마 22:34-40

문화체육관광부 홈페이지에 보면 2018년도에 조사한 '한국 종교 현황 자료집'이 있습니다. 85쪽에 보면 개신교는 374개 교단이 있는 것으로 파악되었습니다. 그중 대한예수교장로회가 286개입니다. 이처럼 한국에는 다양한 교파와 교회가 있습니다. 신앙의 컬러도 다릅니다. 그러나 에베소서 4장 5-6절에 있는 말씀처럼 주님은 한 분이요, 믿음도 하나요, 하나님도 한 분이고 교회도 하나입니다("주도 한 분이시요 믿음도 하나요 침례도 하나요 하나님도 한 분이시니").

전통적인 교회에서 신앙생활을 하다가 저희 교회로 온 성도들 중에 처음에는 현대적인 예배 방식이 잘 적응되지 않았다고 이야기하는 경우가 더러 있습니다. 그러나 나중에는 예배가 너무 감동된다고 좋아합니다. 주님께서 교회를 통해 새로운 은혜를 주시려고 할 때 옛것을 고집하지 마십시오. 자신의 생각이나 기준을 주장하지 마십시오. 주님은 새 포도주는 새 부대에 넣으라고 하셨습니다. 새로운 축복은 새로운 신앙으로 시작됩니다. 새로운 인생은 새로운 성도가 될 때 가능합니다. 믿고 싶은 대로 믿지 말고, 주님의 말씀대로 믿으십시오.

예수님 당시에도 다양한 분파가 있었습니다. 복음서에 보면 바리새인, 헤롯당, 사두개인, 율법사(서기관)들이 등장합니다. 그들은 예수님을 시험하고 죽이기 위해 서로 머리를 맞대고 논의했습니다. 그러나 본래 이들은 친하지 않았습니다.

- 바리새파 : '불결한 것과 부정한 자들로부터 분리해 나온 사람들'이란 의미로 율법을 철저하게 지키는 사람들이었습니다. 사람들로부터 '선생님'이라고 존경받았으며, 로마에 적대적이었습니다.

- 사두개파 : 당시의 종교 권력자들로서 대제사장을 중심으로 귀족의 권익을 대변하는 친로마파이며, 부활과 영생을 믿지 않는 현실주의자들이었습니다. 당연히 바리새인들과 사이가 좋지 않았습니다.

- 헤롯파 : 헤롯 왕조와 로마법을 지지하는 세속적인 유대인이었습니다. 이들은 율법에 충실하며 종교 전통을 고수하는 바리새인들과 정

치적인 적대 관계에 있었습니다.

- 율법사(서기관) : 모세의 율법을 기록하며 관리하는 전문가로서 율법을 실생활에 적용했습니다. 신학교 교수 같은 이들은 율법을 잘 알고 있다는 교만함으로 예수님을 시험했습니다.

이들 모두는 평소 당파적인 주장을 고집하며 서로 갈등하고 싸우던 사이였습니다. 그런데 복음서를 읽어 보면 각각 예수님을 시험하다가 깨지자 예수님을 죽이기 위해 연합 전선을 펼칩니다. 또 로마 정부도 백성에게 지지를 받는 예수님을 민란을 일으킬 위험이 있는 요주의 인물로 주시하고 있었습니다.

지금 한국 교회와 성도들이 처한 상황도 비슷한 것 같습니다. 코로나 사태를 빌미로 세상 사람들은 교회와 성도들을 못마땅하게 여깁니다. 욕하고, 비난하고, 트집을 잡으려고 합니다. 그러나 우리는 이런 상황에 낙심할 필요가 없습니다. 세상은 교회와 성도에 대해 한 번도 우호적이었던 적이 없습니다. 결국은 복음이 이겼고, 교회가 이겼고, 성도가 이겼습니다.

이렇게 신앙이 힘든 상황에서 세상을 이기는 새로운 성도로 살기 위해서는 새로운 신앙을 가져야 합니다. 새로운 성도의 신앙이란 새로운 방법이나 전략을 의미하는 것이 아닙니다. 지금까지 갖고 있던 '나' 중심의 옛 신앙과 옛 가치관을 버리고, 주님이 기준이 되시는 새로운 가치관과 새로운 신앙을 소유해야 합니다. 이렇게 새로운 성도의 신앙으로 이긴 자가 되기 위해서는 다음의 두 가지 문제를 해결해야 합니다.

율법 신앙에서 벗어나라

"그중의 한 율법사가 예수를 시험하여 묻되 선생님 율법 중에서 어느 계명이 크니이까"(마 22:35-36).

당시 이스라엘 백성이 가진 신앙은 율법 신앙이었습니다. 유대인에게 율법은 삶의 기준이었습니다. 율법을 기준으로 만든 계명과 규칙들을 얼마나 잘 지키느냐가 신앙을 결정했습니다.

여기서 율법 신앙의 중심이 되는 신성한 장소는 성전이었습니다. 그들은 신성한 경전인 율법을 따라 신성한 장소인 성전에서 신성한 직무를 집행하는 신성한 제사장들의 말을 따랐습니다. 또 신성한 율법을 기록하고 행하는 율법사들이 있었지만, 당시 각 종파 사람들은 자신들이 정한 규칙과 계명을 기준으로 자신과 견해가 다른 사람들을 판단하고 정죄하고 비판했습니다. 그들은 하나님이 율법을 주신 본래 의도와 목적은 상실한 채 율법의 행위만을 강조했습니다. 하지만 그 안에 의(義)와신(信)은 없었습니다. 주님은 이런 그들을 '회칠한 무덤'(마 23:27) 같다고 책망하셨습니다.

우리는 어떻습니까? 저마다 다르지만, 대부분의 그리스도인들은 큐티(Q.T.)로 하루를 시작하고, 성경 통독과 기도로 하루를 마무리합니다. 너무 잘하고 있는 것입니다. 그러나 우리가 분명히 알아야 할 것이 있습니다. 믿음은 이런 '신앙적인 행위'로 인정받는 것이 아닙니다. 믿음은 하나님과의 '인격적인 관계'와 '신앙의 삶'으로 증명되는 것입니다.

율법을 지킨다고 거룩한 사람이 되는 것이 아닙니다. 오직 '믿음'으로 거룩한 사람이 되는 것입니다. 예수님은 무엇을 행하느냐보다 어떤 사람이 되느냐가 더 중요하다고 강조하셨습니다. 그래서 마태복음 7장에 기록된 대로, 아무리 열심히 신앙생활을 하고 주의 이름으로 이 일, 저 일, 큰일을 해도 주님께서는 "내가 너희를 도무지 알지 못하니 … 내게서 떠나가라"(마 7:23)라고 하실 수도 있습니다.

우리는 율법 신앙에서 벗어나야 합니다. '장소 중심의 성전 신앙'에서 벗어나야 합니다. 우리의 행위보다 하나님과의 친밀한 영적 관계가 더 중요합니다. 예배도 마찬가지입니다. 얼마 전까지 코로나 때문에 현장 예배가 제한을 받았습니다. 교회당에 다 모일 수가 없었습니다. 그러나 예배드리는 장소보다 훨씬 더 중요한 것은 '예배드리는 사람'입니다.

어떤 신성한 장소에 가야 거룩한 사람이 되는 것이 아닙니다. 예수님을 구주로 믿는 사람이 예배하는 곳이 거룩한 장소입니다. 그래서 주님은 특정한 장소로 제한한 성전을 다시 정의하셨습니다.

"너희는 너희가 하나님의 성전인 것과 하나님의 성령이 너희 안에 계시는 것을 알지 못하느냐"(고전 3:16).

그렇습니다. 주님은 '장소적인 성전' 개념을 '사람 중심의 성전' 개념으로 새롭게 하셨습니다. 하나님의 성령을 모신 사람이 바로 살아 계신 하나님의 성전이라고 새롭게 가르쳐 주셨습니다.

성전이 신성한 이유는 '하나님이 임재하시는 곳'이기 때문입니다. 그렇기 때문에 하나님의 영이 임한 하나님의 자녀들이 있는 곳이 바로 거룩한 곳이 되는 것입니다. 하나님의 영이 임한 거룩한 우리가 예배하고, 살아가고, 머무는 곳이 바로 신성한 장소입니다. 그런 의미에서 주일만 거룩한 날이 아닙니다. 모든 날이 거룩한 날입니다. 그러니 주일만 예배하는 것이 아니라, 매일의 삶이 예배가 되어야 합니다. 공동 예배의 끝은 삶의 예배의 시작입니다. 그래서 예수님은 성전뿐 아니라 예배도 새롭게 정의하셨습니다.

"형제들아 내가 하나님의 모든 자비하심으로 너희를 권하노니 너희 몸을 하나님이 기뻐하시는 거룩한 산 제물로 드리라 이는 너희가 드릴 영적 예배니라"(롬 12:1).

예배는 신성한 장소인 성전에서 내가 가져온 제물을 드리는 종교 행위가 아닙니다. 예배는 '하나님의 통치권, 주재권, 소유권'을 인정해 내 존재 전부를 주님께 드리는 신앙 고백입니다. '행위 중심의 율법 신앙'에서 벗어나십시오. '장소 중심의 성전 신앙'에서 벗어나십시오. 우리의 행위를 바르게 한다고 의로워지는 것이 아닙니다. 우리의 신앙이 새로워져야 합니다.

율법 신앙을 가졌던 사마리아 여인이 예수님께 질문합니다.

"우리 조상들은 이 산에서 예배하였는데 당신들의 말은 예배할 곳이 예루살렘에 있다 하더이다"(요 4:20).

이 여인은 어떤 장소에서 예배하는 것이 맞느냐고 질문합니다. 그러자 예수님은 이렇게 대답하십니다.

"예수께서 이르시되 여자여 내 말을 믿으라 이 산에서도 말고 예루살렘에서도 말고 너희가 아버지께 예배할 때가 이르리라"(요 4:21).

그러면서 이렇게 결론을 내리십니다.

"하나님은 영이시니 예배하는 자가 영과 진리로 예배할지니라"(요 4:24).

예수님은 '장소나 형식보다 더 중요한 것은 예배드리는 성도의 태도와 의도와 목적'이라고 가르쳐 주십니다. 예배의 형식과 내용보다 더 중요한 것은 예배드리는 '사람의 마음'입니다. 그래서 주님은 이렇게 말씀하시는 것입니다.

"너희는 이 세대를 본받지 말고 오직 마음을 새롭게 함으로 변화를 받아 하나님의 선하시고 기뻐하시고 온전하신 뜻이 무엇인지 분별하도록 하라"(롬 12:2).

하나님은 외모를 보지 않고 우리의 중심을 보시는 분입니다. 창세기에 보면 예배와 관련해서 분명하게 가르쳐 주고 계십니다.

"여호와께서 아벨과 그의 제물은 받으셨으나 가인과 그의 제물은 받지 아니하신지라"(창 4:4-5).

그렇습니다. 제물보다 먼저 나온 것이 제물을 드리는 사람입니다. 예배는 종교적인 의무가 아닙니다. 하나님에 대한 신앙고백입니다. 예배는 율법이 아닙니다. '하나님과의 사랑의 관계'입니다. 그래서 바울은 억지로 예배하지 말고 자원해서 기쁨으로 드리며, 헌금도 미리 준비해서 즐거운 마음으로 드리라고 강조합니다. 저는 그리스도인 모두가 율법 신앙, 성전 신앙을 버리고 새로운 성도의 신앙을 소유한 하나님의 자녀의 복을 누리기를 소망합니다.

그렇다면 새로운 성도는 어떤 신앙으로 살아야 할까요?

예수 신앙으로 살아가라

예수님은 어느 계명이 크냐고 묻는 율법사에게 이렇게 대답하십니다.

"예수께서 이르시되 네 마음을 다하고 목숨을 다하고 뜻을 다하여 주 너의 하나님을 사랑하라 하셨으니 이것이 크고 첫째 되는 계명이요 둘째도 그와 같으니 네 이웃을 네 자신같이 사랑하라 하셨으니 이 두 계명이 온 율법과 선지자의 강령이니라"
(마 22:37-40).

예수 신앙의 핵심은 '사랑'입니다. 예수님은 온 율법과 선지자의 말을 '사랑'으로 결론 내셨습니다. 율법이 복음을 만나니 '위대한 사랑'이 되었습니다. 본래 하나님이 율법을 주신 이유는 우리에게 부담을 주거나 우리를 괴롭게 하기 위해서가 아닙니다. 당신의 백성이 당신의 사랑 안에서 행복하게 살기를 원하셨기 때문입니다.

"내가 오늘 네 행복을 위하여 네게 명하는 여호와의 명령과 규례를 지킬 것이 아니냐"(신 10:13).

하나님이 율법을 주신 것은 우리를 사랑하시기 때문입니다. 그런데 유대인은 율법을 주신 하나님의 의도와 목적을 깨닫지 못하고 도리어 백성을 힘들게 하는 종교 의무로 만들었습니다. 그래서 하나님은 율법과 성전으로 상징되는 옛 언약을 새 언약이신 예수 사랑으로 완성하신 것입니다. 로마서 13장에 보면 '사랑은 율법의 완성'이라고 말씀합니다.

"그러므로 사랑은 율법의 완성이니라"(롬 13:10).

예수 신앙의 핵심은 '하나님의 사랑'입니다. 하나님의 사랑이 답입니다. 하나님의 사랑이 희망입니다. 하나님의 사랑이 능력이고, 하나님의 사랑이 기적입니다. 그런 하나님의 사랑의 증거가 바로 예수 그리스도입니다. 하나님은 우리가 죄악 중에 살고 있을 때 우리를 위해 독생자 예수를 보내심으로 우리에 대한 당신의 사랑을 확증하셨습니다.

오늘날 많은 사람이 율법 신앙에 머물러 있습니다. 하나님을 우리를 혼내고 심판하는 무서운 분으로만 생각합니다. 그러다 보니 억지로, 부담스럽고 힘들게 신앙생활을 합니다. 이제는 예수 신앙으로 자유하십시오. 그 누구도 그리스도 예수 안에 있는 우리를 정죄하지 못합니다. 그 어떤 사람도 우리를 하나님의 사랑에서 끊을 수 없습니다. 진리이신 예수님이 우리를 '죄와 사망에서 해방'시키셨습니다. 죄책감에 빠져 살거나 연약한 자신에게 실망하지 마십시오. 두려움에 떨지 말고 자유와 평안을 주는 '예수 신앙'으로 살아가십시오. 하나님은 사랑이십니다.

코로나 사태가 교회에게 강력한 영적 도전을 주고 있습니다. 그동안 우리가 가지고 있던 '장소 중심의 성전 신앙'과 '행위 중심의 율법 신앙'에서 벗어나 예수 신앙으로 살라고 말입니다. 그렇다면 하나님이 나를 사랑하시니 내 맘대로 살아도 되고, 더 이상 교회당에 함께 모일 필요가 없는 것입니까? 아닙니다. 할 수 있다면 더 자주 모여야 합니다. 왜 그래야 합니까?

"서로 돌아보아 사랑과 선행을 격려하며 모이기를 폐하는 어떤 사람들의 습관과 같이 하지 말고 오직 권하여 그날이 가까움을 볼수록 더욱 그리하자"(히 10:24-25).

주님 오실 때가 가까웠습니다. 그래서 더 모이기를 힘쓰고, 더 힘써 함께해야 합니다. 세상은 우리를 공격하며 성도의 신앙을 무너뜨리려고 힘쓰기 때문에 우리는 더 함께해야 합니다. 비록 교회 현장에서 함께할 수는 없지만, 우리 마음을 함께하고, 기도를 함께 하고, 말씀을 함께 나눠야 합니다. 교회는 '함께하는 거룩한 하나님 자녀의 공동체'이기 때문입니다.

▼

지금 우리가 사는 세상은 절대적인 진리를 부인하는 포스트모더니즘 시대입니다. 그러나 우리는 오직 예수 그리스도만이 길이요, 진리요, 생명임을 믿습니다. 이것이 바로 복음입니다.

많은 사람이 두려움에 떨며 무력감에 절망하고 있습니다. 그들에게 이 놀라운 복음을 전하십시오. 당신이 받은 하나님의 사랑을 다른 누군가에게 전하십시오. 나아가 더 이상 죄악된 세상에 미련 두지 말고 '온 마음'과 '온 목숨'과 '온 뜻'과 '내 전부'를 다해 하나님을 사랑하며 섬기는 새로운 신앙을 가진 성도로 살아가십시오.

저는 그리스도인 모두가 서로 정죄하고 비판하는 '율법 신앙'을 버리고 서로 사랑하며 섬기는 행복한 '예수 신앙'으로 살아가는 새로운 성도의 축복을 누리기를 소망합니다.

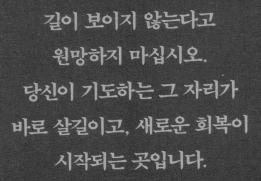

길이 보이지 않는다고
원망하지 마십시오.
당신이 기도하는 그 자리가
바로 살길이고, 새로운 회복이
시작되는 곳입니다.

❿

간구함으로
간절함을 성취하는 법

그럼에도 하나님의 회복하심을 믿으라

눅 18:1-8

가끔 지인들로부터 청와대 국민청원에 동의해 달라는 문자를 받습니다. 정부에서는 국민의 억울함을 돕자는 취지로 2017년 4월부터 국민청원을 받기 시작했습니다. 하루 평균 게시 청원이 약 725건, 현재 누적 청원 수가 약 104만 건이라고 합니다(대한민국 정책브리핑 참조). 지금은 더 늘었을 것입니다.

문제를 확실히 해결해 주는 것도 아니고 20만 명의 동의를 얻어야 겨우 답변 몇 줄 해 주는 청와대 신문고 게시판에도 많은 사람이 딱하고 억울한 여러 가지 사연들을 호소합니다. 각종 민원을 접수하는 국민 신문고의 경우는 더합니다. 2022년 3월 3일 기준으로 처리 중인 민원 건수가 약 2만 5천 건에 달했습니다. 정말 많은 이들이 억울하고 답답한 삶을 살아가는 것

같습니다.

우리도 살다 보면 정말 속상하고 억울한 일들이 많습니다. 더구나 세상은 교회 다니는 성도들에게 호의적이지 않기 때문에 어떤 성도들은 신앙 때문에 불이익을 당할 때도 있습니다. 그러다 보니 믿음으로 살지만 낙심될 때도 종종 있습니다. 주변을 돌아봐도 앞이 막막하고, 길이 막혀 있는 것처럼 느껴져 낙심됩니다. 본문에 바로 그런 사람의 이야기가 소개됩니다.

어떤 도시에 하나님을 두려워하지 않고 사람을 무시하는 불의한 재판장이 있었습니다. 그런데 한 과부가 자신의 억울함을 호소하며 불의한 재판장에게 매일같이 찾아가 도움을 청합니다.

"이 과부가 나를 번거롭게 하니 내가 그 원한을 풀어 주리라 그렇지 않으면 늘 와서 나를 괴롭게 하리라 하였느니라"(눅 18:5).

여기서 '괴롭게 하다'는 헬라어로 '휘포피아조'(ὑπωπιάζω)라 하는데 그 뜻이 참 재미있습니다. '눈 밑을 거칠게 때리다'라는 의미입니다. 과부의 끈질긴 탄원은 마치 자신의 얼굴을 쳐서 시퍼렇게 멍들듯 힘들게 만든다는 의미입니다. 결국 불의한 재판장이 힘없는 과부의 청원을 들어준 이유는 '자기를 위해서'입니다. 과부가 매일같이 찾아와 계속 강청하니 너무 귀찮고 스트레스를 받는 게 싫어서 그 청원을 들어준 것입니다.

이 비유를 잘못 이해하면 우리도 과부처럼 하나님을 귀찮게 하고 떼쓰며 기도하면 응답해 주시는 것으로 오해할 수 있습니다. 그러나 오히려 반대입니다. 기도 응답이 없어도 낙심하지 말라는 것입니다.

"예수께서 그들에게 항상 기도하고 낙심하지 말아야 할 것을 비유로 말씀하여"(눅 18:1).

사실 우리는 기도해도 변하지 않는 현실에 좌절감을 느낄 때가 있습니다. 달라질 기미가 보이지 않아 낙심될 때도 많습니다. 눈물을 흘리며 정말 간절하게 기도했는데 상황이 바뀌지 않아 실망하기도 합니다. 그러나 기억하십시오. 그래도 새롭게 회복됩니다. 반드시 회복됩니다. 하나님은 우리를 위해 새로운 회복을 이미 시작하셨고, 새로운 회복을 이루고 계십니다. 우리는 다음의 조건을 만족시켜 새로운 회복을 누리기만 하면 됩니다.

하나님 아버지에 대한 믿음을 굳게 하라

주님은 감히 비교 대상이 될 수도 없는 불의한 재판장과 하나님을 비교하면서 낙심하지 말아야 할 이유에 대해 설명하십니다.

"하물며 하나님께서 그 밤낮 부르짖는 택하신 자들의 원한을 풀어 주지 아니하시겠느냐"(눅 18:7).

불의하고 악한 재판장도 과부의 원한을 듣고 풀어 주었는데 '하물며 하나님께서', 우리를 사랑하시는 우리 아버지께서 어찌 우리의 원통함을 풀어 주지 않겠느냐는 것입니다. 하나님이 우리의 기도에 응답하시고 우리의 억울함을 풀어 주시는 이유는, 하나님이 우리를 사랑하는 아버지이시기 때문입니다. 하나님이 우리 아버지이시기에 자녀인 우리 기도에 응답하시는 것입니다.

"자기 아들을 아끼지 아니하시고 우리 모든 사람을 위하여 내주신 이가 어찌 그 아들과 함께 모든 것을 우리에게 주시지 아니하겠느냐"(롬 8:32).

세상 사람들은 '자기를 위해' 일하지만, 우리 아버지 하나님은 '우리를 위해' 일하십니다. 사람들은 다 이기적이지만, 하나님은 우리를 위해 독생자 예수의 목숨까지 내어 주셨습니다. 우리는 하나님 아버지에 대한 믿음을 굳게 해야 합니다. 우리를 향한 하나님의 크신 사랑을 깨달아 당신을 위하시는 능력의 하나님에 대한 믿음을 굳게 하십시오.

"여호와께서 이르시되 내가 애굽에 있는 내 백성의 고통을 분명히 보고 그들이 그들의 감독자로 말미암아 부르짖음을 듣고 그 근심을 알고"(출 3:7).

우리 아버지 하나님은 우리 인생의 문제를 '보고', 부르짖음을 '듣고', 그 근심을 '알고' 계십니다. 하나님은 단 한순간도 우리를 떠나지 않은 채 당신의 시선을 우리에게 두고 계십니다. 물론 이 말이 실감 나지 않을 수도 있을 것입니다. 아버지 하나님을 믿지만, 하나님을 열심히 섬기거나 헌신한 게 없으니 때로는 어려움을 당하는 게 당연하다고 생각합니다. 그러나 오해입니다. 새로운 회복은 신앙의 열심에 대한 보상으로 주어지는 것이 아닙니다. 하나님이 우리의 아버지이시기 때문에, 이 사랑의 관계 때문에 주어지는 것입니다. 그래서 주님은 본문 뒤에 이어지는 누가복음 18장 9절부터 바리새인과 세리의 기도를 비유로 들어 자세하게 설명하십니다.

바리새인은 의기양양하게 기도합니다. "나는 일주일에 두 번 금식하고 십일조를 했습니다. 나는 여러 가지 의로운 일도 행했습니다. 나는 저 세리같지 않음에 감사합니다!" 위풍당당한 기도입니다. 반면에 세리는 뭐라고 기도했습니까?

"하나님이여 불쌍히 여기소서 나는 죄인이로소이다"(눅 18:11).

이런 세리의 고백은 겸손이 아니라 사실입니다. 바리새인은 남에게 피해를 주지 않았습니다. 반면에 세리는 동족을 괴롭게 했습니다. 도덕적, 객관적으로 보면 분명 세리가 죄인입니다. 그런데 예수님은 사람들의 생각과는 다르게 말씀하십니다.

> "내가 너희에게 이르노니 이에 저 바리새인이 아니고 이 사람이 의롭다 하심을 받고 그의 집으로 내려갔느니라 무릇 자기를 높이는 자는 낮아지고 자기를 낮추는 자는 높아지리라 하시니라"
> (눅 18:14).

하나님의 자녀(의인)가 되는 자격은 얼마나 의로운 일을 했느냐가 아닙니다. 얼마나 하나님 앞에 낮아졌느냐입니다. 다 내려놓은 자에게 그 자격이 주어지는 것입니다. 우리는 우리를 사랑하시는 하나님의 은혜로 자녀가 된 사람입니다. 그렇기에 우리는 우리를 사랑하시는 아버지 하나님에 대한 믿음을 굳게 해야 합니다. 지금까지 당신이 하나님을 위해 무엇을 했든 안 했든, 하나님은 변함없이 당신을 사랑하십니다.

길을 가다 한 어린아이가 갑자기 넘어졌다고 생각해 보십시오. 주변에 있는 다른 어른이나 친구들은 왜 그러냐고 물어볼 것입니다. 어쩌다 그렇게 된 것인지 이유를 물을 것입니다. 하지만 엄마에게는 이유가 중요하지 않습니다. 넘어진 원인도 중요하지 않습니다. 엄마의 눈에는 넘어져서 고통 받는 어린 자녀만 보입니다. 울고 있는 자녀가 너무 안쓰럽기만 합니다.

하나님도 마찬가지십니다. 하나님은 우리가 어쩌다 이렇게 되었는지 책망하고 꾸중하기 전에, 삶의 위기 가운데 있는 우리를 안타깝게 여기십니다. 우리가 고통당하는 것을 불쌍히 여기십니다. 하나님은 우리를 존재 그대로 사랑하는 우리 아버지이시기 때문입니다. 주기도문에도 있습니다. "하늘에 계신 우리 아버지!"

바리새인처럼 내 의로움에 소망을 두지 말고, 세리처럼 아버지 하나님께 소망을 두십시오. 당신을 돌보시는 하나님을 믿고 신뢰하십시오. 하나님의 사랑은 '우리를 위한' 사랑입니다. 우리 마음이 괴롭고 아파서 세리처럼 은혜를 구할 때, 아버지 하나님은 우리를 새롭게 회복시키십니다. 다시 시작하도록 새로운 기회를 주십니다.

우리가 아무리 못나고 부족해도 아버지는 우리를 위해 일하십니다. 하나님은 상한 갈대를 꺾지 않고, 꺼져 가는 등불을 끄지 않는 분이십니다. 집 나간 탕자 같은 우리를 계속해서 기다리는 분이십니다.

중요한 것은 문제의 크기가 아닙니다. 상황의 심각성도 아닙니다. 하나님이 우리 아버지라는 사실이 중요합니다. 우리가 잘나서 들어주시는 것이 아닙니다. 우리 아버지이기 때문에 해결해 주시는 것입니다. 아버지 하나님을 믿는 믿음을 굳게 하십시오. 주님은 우리의 작은 신음에도 응답하시는 분입니다. 괴로운 인생의 문제를 갖고 있는 것은 우리지만, 해답은 하나님께 있습니다.

새로운 회복을 이루시는 하나님을 믿고 하나님만 바라보십시오. 하나님 아버지만 의지하십시오. 하나님 아버지를 예배하십시오. 우리를 사랑하시는 아버지 하나님을 높이고 전하는 삶을 살아가십시오.

하나님 자녀의 특권인 기도를 계속하라

예수님 당시 과부는 너무나 불쌍한 부류의 사람이었습니다. 생존을 위해 처절한 삶을 살아야 했습니다. 사람들에게 무시를 당하기 일쑤였습니다. 그러던 중에 억울한 일을 당해서 재판장을 찾은 것입니다.

"그 도시에 한 과부가 있어 자주 그에게 가서 내 원수에 대한 나의 원한을 풀어 주소서 하되"(눅 18:3).

과부는 그 누구도 의지할 데가 없었습니다. 도와줄 사람도 없었습니다. 그래서 불의한 재판장을 찾아가 날마다 눈물로 강청한 것입니다. 그러나 우리는 과부나 고아가 아닙니다. 존귀한 하나님의 자녀입니다.

"하물며 하나님께서 그 밤낮 부르짖는 택하신 자들의 원한을 풀어 주지 아니하시겠느냐 그들에게 오래 참으시겠느냐"(눅 18:7).

본문에서 하나님이 택하신 자들은 누구를 말하는 것입니까? 하나님의 자녀인 우리입니다. 우리는 구속의 은혜로 구원을 선물로 받은 택함 받은 하나님의 자녀입니다. 하나님의 위대한 상속자입니다. 하나님이 돌보고, 위하고, 사랑하시는 존귀한 자녀입니다. 그래서 시편 기자는 메시아 예언과 함께 이렇게 강조합니다.

"여호와께서 내게 이르시되 너는 내 아들이라 오늘 내가 너를 낳았도다 내게 구하라 내가 이방 나라를 네 유업으로 주리니 네 소유가 땅끝까지 이르리로다"(시 2:7-8).

그렇습니다. 기도는 하나님의 자녀에게 주어진 영적 특권입니다. 그래서 우리는 하나님 아버지께 계속 기도해야 하는 것입니다. 하나님의 자녀인 우리가 기도하면 하나님이 응답하시기 때문입니다.

물론 세상 사람들도 기도합니다. 어쩌면 우리보다 더 간절히 기도합니다. 하지만 그들은 자기가 만든 신에게 기도합니다. 하나님 대신 하나님이 만드신 자연 만물들을 섬기며 기도합니다. 그러나 우리는 잘 알아야 합니다. 무엇을 기도하느냐보다 누구에게 기도하느냐가 중요합니다. 또 누가 기도하느냐가 중요합니다. 하나님의 자녀인 우리가 아버지 하나님께 기도하는 것입니다. 그래서 첫 번째로는 아버지 하나님에 대한 믿음을 굳게하라고 한 것이고, 두 번째로는 하나님 자녀의 영적 특권인 기도를 계속하라고 강조하고 있는 것입니다.

기도는 내가 원하는 것을 얻으려는 세상 욕심을 가지고 내 열심을 걸고 하나님과 흥정하거나 거래하는 영적 행위나 일이 아닙니다. 아버지 하나님과의 사랑의 관계와 교제를 위해 기도하는 것입니다. 그래서 주님은 이렇게 가르쳐 주셨습니다.

"너희가 내 안에 거하고 내 말이 너희 안에 거하면 무엇이든지 원하는 대로 구하라 그리하면 이루리라"(요 15:7).

주님은 기도를 통해 우리가 하나님과 함께하기를 원하십니다. 진정한 기도 응답은 내가 원하던 것을 얻어 내는 것이 아닙니다. 기도를 통해 아버지 하나님과의 관계가 더 친밀해지는 것입니다. 그래서 키르케고르(Sören Kierkegaard)는 이런 유명한 말을 했습니다.

기도는 하나님을 변화시키는 것이 아니라 기도하는 사람을 변화시키는 것이다.

기도를 게을리 하거나 기도를 멈춘 사람이 있다면 다시 시작하십시오. 기도를 통해 우리를 사랑하시는 하나님의 마음을 알아 가십시오. 기도는 하나님과 나를 하나로 묶는 큰 사랑을 누리게 합니다.

우리는 하나님이 사랑하시는 자녀이기 때문에 하나님은 우리의 기도에 반드시 응답하십니다. 우리의 간절함과 절박함을 아시는 하나님께서 꼭 응답하십니다. 우리의 기도를 듣고 새롭게 회복시키십니다. 주님은 이것을 믿지 못하는 사람들에게 이렇게 다시 강조하십니다.

"너희 중에 아버지 된 자로서 누가 아들이 생선을 달라 하는데 생선 대신에 뱀을 주며 알을 달라 하는데 전갈을 주겠느냐 너희가 악할지라도 좋은 것을 자식에게 줄 줄 알거든 하물며 너희 하늘 아버지께서 구하는 자에게 성령을 주시지 않겠느냐 하시니라"(눅 11:11-13).

우리는 모든 좋은 것을 주려고 작정하신 존귀한 하나님의 자녀입니다. 하나님 자녀의 특권인 기도를 멈추지 말고 계속하십시오. 아무런 변화의 징조가 없어도 반드시 새롭게 회복될 것입니다.

그래서 주님은 연약한 우리를 도우려고 보혜사 성령님을 보내 주셨습니다. 성령님은 우리가 가진 지혜의 한계, 성품의 한계, 능력의 한계를 넘게 해 기도와 소망이 실제가 되게 하십니다. 급할 때만 주님을 찾는 응급 기도로 급한 인생의 문제와 상처를 때우지만 마십시오. 기도가 일상이 되면 은혜도 일상이 됩니다. 기도를 계속해서 성령님의 능력이 당신의 일상이 되게 하십시오.

길이 보이지 않는다고 원망하지 마십시오. 당신이 기도하는 그 자리가 바로 살길이고, 새로운 회복이 시작되는 곳입니다. 하나님의 응답이 더디다고 생각되더라도 절대 낙심하지 마십시오. 오늘의 무응답은 내일을 위한 응답입니다. 시간을 초월하시는 하나님께서 인내하고 기다리라고 하셨다면 다 이유가 있는 것입니다.

"그들에게 오래 참으시겠느냐 내가 너희에게 이르노니 속히 그 원한을 풀어 주시리라"(눅 18:7-8).

길을 만들고 기적을 행하시는 아버지께서 속히 응답하십니다. 아버지 하나님은 나를 위한 때에 당신의 방법으로 이루십니다. E. M. 바운즈(Bounds)는 "주님 뜻대로 기도하면 주님이 온 세상의 자원과 사람을 움직이셔서 기도에 응답하신다"고 말했습니다. 그 어떤 상황에도 낙심하지 말고 계속 기도하십시오.

▼

우리는 새로운 회복의 때를 기다리다 지칠 수 있습니다. 그러나 주님은 지치고 낙심해 있는 자들을 향해 말씀하십니다.

"인자가 올 때에 세상에서 믿음을 보겠느냐"(눅 18:8).

결국 우리의 문제는 괴로운 상황이나 환경이 아닙니다. 믿음이 문제입니다. 하나님이 우리의 아버지시라는 믿음을 굳게 하십시오. 우리는 전능하신 하나님 아버지의 자녀입니다. 계속 기도하십시오. 그 어떤 암담한 상황에 처하더라도 절대 낙심하지 마십시오. 우리를 사랑하시는 아버지 하나님을 믿고 감사로 계속 기도하십시오. 그러면 새롭게 회복시키시는 하나님의 기적을 보게 될 것입니다.

이제 이렇게 선포합시다. "그래도 새롭게 회복된다!"

3부

새로운 회복은

시작되었다

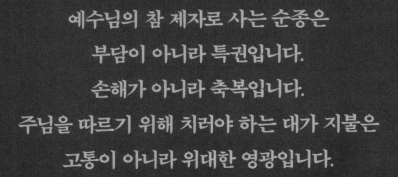

예수님의 참 제자로 사는 순종은
부담이 아니라 특권입니다.
손해가 아니라 축복입니다.
주님을 따르기 위해 치러야 하는 대가 지불은
고통이 아니라 위대한 영광입니다.

회복은 십자가의 길을 걷게 한다

눅 14:25-35

제가 고등학교에 다니던 시절에는 '사당오락'(四當五落)이라는 말이 유행했습니다. 하루에 4시간 자면서 공부하면 대학에 가고, 5시간 자면서 공부하면 대학에 못 간다는 뜻입니다. 그때만 해도 학생이 많아서 치열했습니다. 그러나 지금은 이렇게 열심히 공부하지 않아도 웬만하면 다 대학에 갈 수 있습니다. 학생이 없어 지방 대학들은 미달되고 있는 실정입니다. 물론 본인이 원하는 좋은 대학에 가려면 열심히 공부해야 합니다.

무엇인가 원하는 것을 얻으려면 대가 지불이 필요합니다. 달걀 프라이를 만들려면 달걀을 깨야 하는 것처럼 말입니다. 미국 속담에 "No pain, No gain"이라는 말이 있는데, 대가 지불이 없이는 아무것도 얻지 못한다는 뜻입니다. 대가 지불이 있어야 원

157

하는 것을 얻을 수 있다는 다른 표현도 있습니다. "공짜 치즈는 쥐덫에만 놓여 있다"라는 러시아 속담이 바로 그러한 교훈을 줍니다.

이처럼 세상에 저절로 되는 것은 아무것도 없습니다. 이는 구원도 마찬가지입니다. 우리를 위해 십자가라는 대가 지불이 있었기에 가능한 것입니다.

'구속'(救贖, Redemption)과 '구원'(救援, Salvation)의 차이가 무엇입니까? 구속은 당신을 십자가에 제물로 바쳐 대가 지불하신 주님의 사랑을 말합니다. 주님은 우리가 태어나기도 전에 대가 지불을 하셨습니다.

"우리가 아직 연약할 때에 기약대로 그리스도께서 경건하지 않은 자를 위하여 죽으셨도다 … 우리가 아직 죄인 되었을 때에 그리스도께서 우리를 위하여 죽으심으로 하나님께서 우리에 대한 자기의 사랑을 확증하셨느니라"(롬 5:6, 8).

구원은 우리를 위해 대가 지불을 하신 주님의 사랑을 믿는 자들에게 주시는 하나님의 영원한 선물입니다.

"너희는 그 은혜에 의하여 믿음으로 말미암아 구원을 받았으니 이것은 너희에게서 난 것이 아니요 하나님의 선물이라"(엡 2:8).

우리는 구속의 은혜로 말미암아 믿음으로 구원의 선물을 받은 하나님의 위대한 상속자입니다. 하나님은 독생자 예수 그리스도의 목숨을 우리 죗값으로 대가 지불하고 우리를 당신의 자녀로 삼으셨습니다. 그래서 우리가 얼마짜리인 줄 아십니까? 우리는 '예수님짜리'입니다. 그런데 많은 성도가 이 놀랍고 위대한 은혜를 입고서도 하나님께 예배드리는 것에 게으르고, 하나님을 섬기는 삶을 부담스러워합니다. 주님은 이렇게 무늬만 제자인 사람들을 향해 말씀하십니다.

"수많은 무리가 함께 갈새 예수께서 돌이키사 이르시되 … 누구든지 자기 십자가를 지고 나를 따르지 않는 자도 능히 내 제자가 되지 못하리라"(눅 14:25, 27).

이 말씀은 예수님의 제자가 되기 원하는 모든 사람에게 요구하시는 내용입니다. 이쯤 되면 이렇게 생각하는 사람도 있을 것입니다. '아니, 구속은 사랑이고, 구원은 하나님의 은혜요, 선물이라고 하더니 갑자기 왜 우리 뒤통수를 치시는가?' 그렇다면 주님이 약속하신 새로운 회복을 위해서도 대가 지불이 필요할까요?

주님의 참 제자가 되는 믿음이 필요하다

"무릇 내게 오는 자가 자기 부모와 처자와 형제와 자매와 더욱이 자기 목숨까지 미워하지 아니하면 능히 내 제자가 되지 못하고"(눅 14:26).

이 말씀을 잘못 이해하면 기독교는 부모와 형제도 무시하는 종교라고 오해하게 됩니다. 그러나 이것은 우선순위에 대한 말씀입니다. 참 제자가 되려면 예수님을 최우선순위로 두라는 것입니다.

'미워하다'는 헬라어로 '미세오'(μισέω)라 하는데, 이는 '조금 사랑하다, 몹시 싫어하다'라는 뜻입니다. 다르게 설명하면, 나의 우선순위가 아니라는 의미입니다. 이것을 이해하기 쉽게 설명해 보겠습니다. 성경에 이런 말씀이 있습니다.

"기록된바 내가 야곱은 사랑하고 에서는 미워하였다 하심과 같으니라"(롬 9:13).

공의로우신 하나님이 왜 이렇게 하셨을까요? 히브리어로 보면 이해가 쉬워집니다. 여기서 '사랑'은 히브리어로 '아하브'(אָהַב)라 하는데 이는 '선택하다'라는 의미이고, '미워하다'는

160

히브리어로 '샤네'(שָׂנֵא)라 하는데 이는 '선택하지 않았다'라는 뜻입니다. 하나님은 에서가 아니라 야곱을 선택하셨습니다. 하나님은 쌍둥이 형제 에서와 야곱 중에서 에서보다 야곱을 더 사랑하셨다고 선택의 우선순위를 설명하고 있는 것입니다.

결국 본문은, 우리가 예수님의 참 제자가 되려면 가족이나 형제나 자기 목숨보다 예수님을 더 사랑하는 선택을 해야 한다고 강조하는 말씀입니다. 그래서 우리말성경은 이렇게 번역했습니다.

> "누구든지 내게 오면서 자기 부모와 아내와 자식과 형제 혹은 자매와 자기 생명일지라도 나보다 더 사랑하면 내 제자가 될 수 없다"(눅 14:26).

예수님의 참 제자가 되려면 세상의 그 어떤 것보다, 세상의 그 누구보다 주님을 더 가치 있게 여기고 사랑해야 합니다. 그 어떤 것보다 주님을 먼저 선택하는 믿음을 가져야 합니다. 주님이 내 인생 최고의 가치라는 믿음, 내 인생 속에서 주님을 내 삶의 최우선순위에 두는 믿음이 있어야 예수님의 참 제자가 될 수 있습니다.

인간적으로 생각하면 사실 이런 말씀은 너무 난감합니다. 선교사로 나가는 사람에게나 해당되는 말씀이 아닌가 생각됩니다. 하지만 아닙니다. '주께 오는 자' 전부에게 해당되는 말씀입니다. '누구든지' 예외가 없습니다. 왜 그렇습니까? 오직 주님만이 나의 구원이요, 소망이요, 능력이시기 때문입니다. 오직 주님만이 우리에게 영생을 주시는 분이기 때문입니다. 우리에게는 참 제자가 되는 믿음의 대가 지불이 필요합니다.

주님은 대체 왜 이렇게 강하게 말씀하셨을까요? 당시 예수님을 따르던 사람들은 로마에서 해방시켜 줄 정치적인 메시아를 기대했습니다. 그래서 병든 자를 고치고, 오병이어의 기적으로 자신들의 필요를 채워 주시는 주님을 보며 열광했습니다. 주님은 이런 제자들에게 당신이 십자가에서 고난당할 일을 말씀하셨습니다. 그러자 많은 사람이 이렇게 반응했습니다.

"그때부터 그의 제자 중에서 많은 사람이 떠나가고 다시 그와 함께 다니지 아니하더라"(요 6:66).

많은 사람이 주님을 따랐지만, 그들은 대가 지불은 원하지 않았습니다. 이런 사람들을 보며 주님은 열두 제자에게도 물으십니다.

"예수께서 열두 제자에게 이르시되 너희도 가려느냐 시몬 베드로가 대답하되 주여 영생의 말씀이 주께 있사오니 우리가 누구에게로 가오리이까”(요 6:67-68).

그렇습니다. 주님께만 영생이 있습니다. 주님만이 우리의 소망입니다. 주님은 살아 계신 하나님의 아들이요, 만유의 주인이십니다. 세상 끝 날 모든 사람이 예수 이름 앞에 무릎을 꿇게 될 것입니다. 그래서 우리는 예수님의 참 제자가 되기 위해 치러야 하는 그 어떤 대가 지불도 절대로 주저하지 말아야 하는 것입니다. 주님의 참 제자가 되는 믿음으로 살아가십시오.

물론 참 제자가 되는 믿음으로 살면 일시적으로 손해를 볼 수도 있습니다. 하지만 반드시 이기게 되어 있습니다. 결국에는 하나님의 상속자인 우리가 하나님과 함께 영광을 받게 될 것입니다. 그래서 주님은 참 제자가 되는 믿음을 가진 자에게 밭에 감추어진 보화의 비유와 겨자씨 비유로 소망의 말씀을 하신 것입니다.

당시 사람들은 주로 산이나 밭에 금은보화를 숨겨 두었습니다. 자기만 아는 곳에 숨기고 표시를 해 두었는데, 갑자기 죽거나 숨긴 곳을 잊어버린 사람들로 인해 실제로 이스라엘 땅에는 보화가 많이 묻혀 있었습니다. 이것을 발견한 농부는 다시 흙을 덮고 집으로 달려가 자신의 전 재산을 팔아 그 밭을 샀습니다. 밭의 주인이 시세보다 더 비싼 값을 요구했을지도 모릅니다. 그래도 농부는 요구대로 샀을 것입니다.

참 제자가 되는 믿음의 대가 지불은 무리한 요구가 아닙니다. 새로운 축복과 회복의 과정입니다. 예수님을 소유하면 모든 것을 얻고, 예수님을 잃으면 모든 것을 잃는다는 영적인 경고입니다.

"자녀이면 또한 상속자 곧 하나님의 상속자요 그리스도와 함께 한 상속자니 우리가 그와 함께 영광을 받기 위하여 고난도 함께 받아야 할 것이니라"(롬 8:17).

주님의 참 제자가 되기 위한 대가 지불을 절대로 망설이지 마십시오. 이것은 새로운 회복을 위한 주님의 멋진 초청입니다. 눈물을 흘리며 씨를 뿌리는 자는 기쁨으로 단을 거둘 것입니다.

주님의 참 제자로 사는 순종이 필요하다

우리는 주님의 참 제자가 되는 것에서 멈추어서는 안 됩니다. 참 제자로 사는 순종이 필요합니다. 여기서 제자와 참 제자를 구분하는 이유가 무엇일까요?

"예수께서 자기를 믿은 유대인들에게 이르시되 너희가 내 말에 거하면 참으로 내 제자가 되고"(요 8:31).

예수님을 믿는 이들은 많습니다. 그러나 주님의 말씀대로 순종하는 참 제자를 찾기란 힘듭니다. 사복음서를 보면, 예수님께서 "나를 믿으라"라는 말씀을 네 번 하셨습니다. 그러나 "나를 따르라"라는 말씀은 스무 번 이상 하셨습니다. 믿음은 단순히 머리로 받아들이거나 감정적으로 인정하는 것이 아닙니다. 고개를 끄덕거리는 것도 아닙니다. 몸이 움직이고 손발이 따라가야 합니다. '믿음과 순종'은 하나로 연결되어 있는 것입니다.

새로운 회복은 열심 있는 내 신앙에 대한 보상이 아닙니다. 참 제자로 사는 순종하는 성도에게 주시는 하나님의 선물입니다. 오늘날 많은 성도가 주일에만 예수님의 제자가 됩니다. 그러나 주일의 제자는 월요일의 제자로 이어져야 합니다. 우리의 일터와 삶터에서 세상 사람들과는 다른 참 제자의 삶을 살아야 합니다.

주변 사람들이 당신을 보고 주님을 따르고 싶도록 만드십시오. 당신 때문에 교회에 나가고 싶게 만들어야 합니다. 만일 참 제자로 사는 순종의 대가 지불을 거부하고 건성건성 주님을 따르는 제자로 살다가 실족하면 세상 사람이 비웃습니다. 그래서 주님은 이렇게 설명하십니다.

"너희 중의 누가 망대를 세우고자 할진대 자기의 가진 것이 준공하기까지에 족할는지 먼저 앉아 그 비용을 계산하지 아니하겠느냐 그렇게 아니하여 그 기초만 쌓고 능히 이루지 못하면 보는 자가 다 비웃어 이르되 이 사람이 공사를 시작하고 능히 이루지 못하였다 하리라"(눅 14:28-30).

그리고 이어서 또 하나의 비유를 말씀하십니다.

"또 어떤 임금이 다른 임금과 싸우러 갈 때에 먼저 앉아 일만 명으로써 저 이만 명을 거느리고 오는 자를 대적할 수 있을까 헤아리지 아니하겠느냐 만일 못할 터이면 그가 아직 멀리 있을 때에 사신을 보내어 화친을 청할지니라"(눅 14:31-32).

대체 망대를 세우기 전 비용을 계산하는 것과 전쟁을 치르기 전 적을 이길 수 있을지 없을지 계산하는 것이 참 제자의 삶과 무슨 관계가 있습니까? 바로 '대가 지불'입니다. 우리는 잘 계산해 보고 신앙생활을 해야 합니다. 주님의 참 제자로 사는 순종이 유익인지 손해인지를 잘 따져 봐야 합니다. 그런데 이익과 손실을 계산하기 전에 전제 조건이 있습니다. 우리를 향한 주님의 계획은 일생이 아니라 영생이라는 것입니다.

누가복음 12장에 보면 주님은 이렇게 경고하셨습니다.

"하나님은 이르시되 어리석은 자여 오늘 밤에 네 영혼을 도로 찾으리니 그러면 네 준비한 것이 누구의 것이 되겠느냐 하셨으니 자기를 위하여 재물을 쌓아 두고 하나님께 대하여 부요하지 못한 자가 이와 같으니라"(눅 12:20-21).

주님의 참 제자로 사는 순종의 결과는 단지 이 땅에서 잘 먹고 잘사는 육적인 복을 의미하는 것이 아닙니다. 죽음에서 부활해 하나님 나라에서 영원히 사는 삶입니다. 상상할 수 없는 축복입니다. 아직도 예수 믿는 것이 손해라고 생각하는 사람이 있다면 다시 계산을 잘해 보십시오. 참 제자로 사는 순종은 어리석은 것이 아닙니다. 밭에 감추어진 보화를 발견한 것처럼 대박 인생입니다.

분명히 말하지만, 예수님의 참 제자로 사는 순종은 부담이 아니라 특권입니다. 손해가 아니라 축복입니다. 주님을 따르기 위해 치러야 하는 대가 지불은 고통이 아니라 위대한 영광입니다.

정부에서 코로나 예방 백신 접종을 장려하는 이유는 실보다 득이 많기 때문이라고 강조합니다. 그러나 백신 부작용으로 고생하거나 죽는 소수의 사람들에게는 치명적입니다. 그래서 본인이 선택해야 합니다.

세상 모든 것에는 부작용이 많습니다. 심각한 문제들이 많습니다. 하지만 주님의 참 제자로 사는 순종에는 아무 부작용이 없습니다. 참 제자로 살기 위한 대가 지불은 다 우리를 위한 것입니다. 예배를 위한 대가 지불, 섬김과 헌신의 대가 지불을 기뻐하십시오. 목숨을 위해 살지 말고, 목숨을 걸고 주님을 따르십시오. 당신이 참 제자로 살기 위한 순종을 대가 지불한다면, 새로운 회복과 축복은 반드시 당신의 것이 될 것입니다.

서두에서 "No pain, No gain"이라는 말을 했습니다. 그런데 어떤 신학자는 이런 멋진 말을 했습니다.

"No cross, No crown!"

그렇습니다. 십자가 없이는 영광도 없습니다. 절대로 새로운 회복을 위한 대가 지불을 두려워하지 마십시오. 현재의 고난은 장차 올 영광과 비교할 수 없습니다. 일생만 고생하면 영생의 축복을 누리게 되어 있습니다.

예수님의 참 제자가 되는 믿음으로 살아가십시오. 예수님의 참 제자로 사는 순종의 대가 지불을 통해 새로운 회복을 누리는 멋진 참 제자가 되십시오.

우리는 차원이
다른 믿음으로 새로워져야 합니다.
일생의 차원에서 영생의 차원으로
믿음을 새롭게 해야 합니다.
인본주의 믿음에서
신본주의 믿음으로 새롭게 해야 합니다.

회복은 성공이 아닌 성숙을 준비한다

눅 20:34-40

얼마 전 러시아의 우크라이나 침공으로 많은 사람이 고통당하는 모습을 보면서 너무 가슴이 아팠습니다. 현대 사회에서, 그것도 유럽에서 이렇게 야만적이고 참혹한 일이 생긴다는 것이 이해되지 않았습니다. 그런데 우크라이나에서만 전쟁이 일어난 것이 아닙니다. 우리 마음속에서도 날마다 전쟁이 일어나고 있습니다. 내 현실을 보고, 자녀를 보고, 미래를 생각하다가 답답해 낙심되어 전사할 때도 많습니다.

필립 얀시(Philip Yancey)가 쓴 《하나님, 당신께 실망했습니다》(IVP 역간)라는 책이 있습니다. 이 책에서는 세 가지 질문을 던집니다.

- 하나님은 불공평하신가?
- 하나님은 침묵하시는가?
- 하나님은 숨어 계시는가?

오늘날 많은 성도가 하나님이 문제라고 생각합니다. 그러나 문제는 하나님이 아닙니다. 모든 문제는 우리에게 있습니다. 하나님은 우리를 위해 모든 것을 예비하셨지만, 우리가 구하지 않거나 알지 못해서, 또 준비되지 않아서 얻지 못하는 것입니다.

우리는 하나님께서 계획하신 새로운 회복이 이루어지도록 영적으로 준비해야 합니다. 준비하는 것이 믿음이고, 비전입니다. 예수님도 말씀과 기도로 그리고 영적 권위와 능력으로 준비되셨기에 당시 종교 지도자들의 공격을 버티고, 당신을 올무에 가두려는 온갖 날카로운 질문들을 다 이겨 낼 수 있으셨습니다.

본문이 시작되는 상황은 이렇습니다.

"부활이 없다고 주장하는 사두개인 중 어떤 이들이 와서 물어 이르되 선생님이여 모세가 우리에게 써 주기를 만일 어떤 사람의 형이 아내를 두고 자식이 없이 죽으면 그 동생이 그 아내를 취하여 형을 위하여 상속자를 세울지니라 하였나이다 그런데 칠 형제가 있었는데 맏이가 아내를 취하였다가 자식이 없이 죽고 그 둘

째와 셋째가 그를 취하고 일곱이 다 그와 같이 자식이 없이 죽고 그 후에 여자도 죽었나이다 일곱이 다 그를 아내로 취하였으니 부활 때에 그중에 누구의 아내가 되리이까"(눅 20:27-33).

부활이 없다고 주장하던 사두개인들은 신명기 25장 5절의 말씀을 근거로 예수님을 공격합니다. 이 법은 현대인의 시각에서 보면 황당하지만, 고대 근동 지역의 상황에서 보면 이해가 됩니다. 이 법은 '형사취수법' 또는 '계대결혼법'이라고 하는데, 형의 가문을 위해 동생이 그 역할을 해야 된다는 내용입니다. 왜 이렇게 했을까요? 첫째는, 죽은 형제의 대를 이어 그 기업을 보호해 주기 위해서입니다. 둘째는, 자녀가 없는 미망인을 보호하고 사회적으로 보장하기 위해서입니다. 셋째는, 이스라엘 여인이 이방인과 결혼하는 것을 방지하기 위해서입니다. 그런데 사두개인들은 이 계대결혼법을 근거로 부활과 영생은 없다며 예수님을 곤경에 빠뜨리려고 질문을 던졌습니다. 부활이 있다면 대체 이 여인은 누구의 아내가 되는 것입니까? 당신의 생각은 어떻습니까?

사두개인들은 제사장 사독의 후예였지만 모세 오경만 인정하며 영적 존재도, 부활도 믿지 않았습니다. 이들은 당시 정치, 종교의 영역을 넘어 경제 영역까지 장악하고 있었습니다. 그들은 돈이 중요하다고 믿는 부자들이었습니다. 사회 기득권을 가진 현실주의자들이었습니다. 주님은 이런 사두개인들에게 부활과 그 이후의 삶을 설명하십니다.

"예수께서 대답하여 이르시되 너희가 성경도, 하나님의 능력도 알지 못하는 고로 오해하였도다"(마 22:29).

그런데 우리도 마찬가지입니다. 우리 또한 영적 무지와 편견, 육적 오해로 주님의 말씀을 이해하지 못하고 낙심할 때가 많습니다. 믿음으로 인내하고 이겨 내기보다 현실을 보며 좌절합니다. 그렇다면 주님이 예비하신 새로운 회복을 누리려면 어떻게 해야 할까요?

차원이 다른 믿음으로 새롭게 하라

"예수께서 이르시되 이 세상의 자녀들은 장가도 가고 시집도 가되 저세상과 및 죽은 자 가운데서 부활함을 얻기에 합당히 여김을 받은 자들은 장가가고 시집가는 일이 없으며 그들은 다시 죽을 수도 없나니 이는 천사와 동등이요 부활의 자녀로서 하나님의 자녀임이라"(눅 20:34-36).

주님은 부활이 없다고 주장하는 사두개인들에게 '너희는 이 세상에 대한 이야기만 하는데 그게 전부가 아니다. 이 세상만 있는 것이 아니라, 영적 세계가 있다'고 강조하십니다. 그리고 영적인 세계에서는 '이 세상의 자녀'로 사는 것이 아니라, '부활의 자녀'로 산다고 말씀하십니다. 그러면서 주님은 계속해서 설명하십니다. 육신으로 사는 세상이 있고, 천사처럼 영으로 사는 세상이 있다고 말입니다. 그래서 우리는 '차원이 다른 믿음'으로 새롭게 해야 하는 것입니다.

세상 사람들은 자신들이 보고 듣고 경험한 것만 받아들입니다. 논리적으로 이해되고, 과학적으로 증명된 것만 수용합니다. 그러나 믿음은 우리의 지성, 경험, 전통을 뛰어넘는 것입니다. 사람의 논리와 합리를 초월합니다. 그래서 주님은 이렇게 말씀하셨습니다.

"너희가 우리의 증언을 받지 아니하는도다 내가 땅의 일을 말하여도 너희가 믿지 아니하거든 하물며 하늘의 일을 말하면 어떻게 믿겠느냐"(요 3:11-12).

사람들 눈에 보이는 이 세상이 전부가 아닙니다. 하나님의 능력과 신성은 보이지 않는 세계, 영적인 세계에 속해 있습니다. 그래서 우리는 차원이 다른 믿음으로 새로워져야 합니다.

일생의 차원에서 영생의 차원으로 믿음을 새롭게 해야 합니다. 인본주의 믿음에서 신본주의 믿음으로 새롭게 해야 합니다.

죽음은 인생의 마침표가 아니라 영원의 시작점일 뿐입니다. 우리는 죽어도 죽지 않고 영원히 살게 됩니다. 다만 어떻게 영원을 사느냐가 다를 뿐입니다. 그래서 예수님은 이렇게 강조하셨습니다.

"이를 놀랍게 여기지 말라 무덤 속에 있는 자가 다 그의 음성을 들을 때가 오나니 선한 일을 행한 자는 생명의 부활로, 악한 일을 행한 자는 심판의 부활로 나오리라"(요 5:28-29).

세상 모든 사람은 육신의 삶이 끝난 후 다시 부활합니다. 생명의 부활로 나올 것이냐, 심판의 부활로 나올 것이냐가 다를 뿐입니다. 주의 음성을 듣고 육적 세상 너머에 있는 영적 세계를 잘 준비하십시오.

헨리 나우웬(Henri Nouwen)은 이렇게 말했습니다. "우리의 생은 하나님의 사랑에 대해 '예'라고 답할 수 있는 짧은 기회다." 그런데도 어떤 성도들은 사두개인처럼 현실적인 믿음의 차원에만 머물러 있습니다. 내가 잘되고 잘 먹고 잘사는 육적 차원의 믿음에 안주하고 있습니다. 단지 이 땅의 일만 생각하며 살아갑니다. 그러나 일생과 이 땅이 전부는 아닙니다. 일생은 영생을 준비하는 기간일 뿐입니다. 이 땅의 일만 구하는 육적 차원의 믿음에서 영원을 준비하는 하늘 믿음의 차원으로 새롭게 하십시오.

현실주의자요, 돈을 중요하게 여겼던 사두개인들은 A.D. 70년 경 로마 티투스(Titus Flavius Vespasianus) 장군이 예루살렘 성전을 불 태워 없애 버릴 때 그들이 갖고 있던 부귀영화와 함께 다 사라져 버렸습니다. 영원한 것을 위해 영원하지 않은 우리의 삶을 사용 하는 자가 하나님 앞에서 지혜로운 자입니다. 현실적인 믿음, 기 복적인 신앙과는 차원이 다른 믿음으로 새롭게 하는 성도가 되 십시오. 그럴 때 새롭게 회복시키시는 하나님의 큰 은혜를 누릴 수 있습니다.

수준 높은 신앙으로 새롭게 되라

"하나님은 죽은 자의 하나님이 아니요 살아 있는 자의 하나님이
시라 하나님에게는 모든 사람이 살았느니라 하시니"(눅 20:38).

우리는 죽음의 경계 안에서 살아가는 하찮은 육적 존재입니 다. 하지만 우리 아버지 하나님은 항상 살아 계신 분이며, 영생 으로 존재해 온 우주 만물을 통치하는 만왕의 왕이십니다. 그래

서 우리는 그분의 자녀답게 수준 높은 신앙으로 새롭게 해야 되는 것입니다.

예수님은 모세 오경만 믿고 있는 사두개인들을 향해 그 모세 오경에 있는 내용을 근거로 하나님이 어떤 분이신지에 대해 설명하십니다.

"죽은 자가 살아난다는 것은 모세도 가시나무 떨기에 관한 글에서 주를 아브라함의 하나님이요 이삭의 하나님이요 야곱의 하나님이시라 칭하였나니"(눅 20:37).

이 말씀은 모세가 호렙 산의 불붙은 가시나무 떨기에서 하나님을 만났을 때 하나님이 하신 말씀을 인용한 것입니다.

"나는 네 조상의 하나님이니 아브라함의 하나님, 이삭의 하나님, 야곱의 하나님이니라"(출 3:6).

아브라함, 이삭, 야곱은 모세보다 500년 전에 살았던 사람입니다. 그러나 하나님께는 다 산 자들입니다. 하나님은 영생이시기 때문입니다. 그래서 과거형이 아니라 현재형으로 말씀하시는 것입니다.

하나님은 항상 살아 계신 분이기에 모든 시대의 사람을 다

보십니다. 그래서 아브라함, 이삭, 야곱의 하나님이 되시는 것입니다. 이처럼 우리 아버지 하나님은 시공간을 초월하는 전능하신 분입니다. 이 세상과 저세상을 통치하는 만왕의 왕이십니다. 사람들의 육신과 영혼을 주관하는 창조주이십니다. 하나님을 당신의 수준으로 끌어내리지 말고, 당신의 수준을 높이십시오.

오늘날 성도들 중에는 자기 수준에서 이해되지 않는다고 하나님을 온전히 믿지 못하고 그분의 말씀에 잘 순종하지 않는 사람이 많습니다. 자기 수준에서 하나님을 판단하고 평가합니다. 사두개인들처럼 예수님을 자신의 수준으로 끌어내리지 마십시오. 대신 믿음의 수준을 높이십시오. 당신이 주님의 수준으로 높아져야지, 주님을 당신의 수준으로 끌어내려서는 안 됩니다.

교회도 마찬가지입니다. 목사를 성도 수준으로 끌어내리지 마십시오. 언제까지 젖만 먹는 어린아이 신앙, 초보 신앙에 머물러 있겠습니까? 섬김을 받으려고만 하지 말고 섬기는 사역자가 되십시오.

"우리가 다 하나님의 아들을 믿는 것과 아는 일에 하나가 되어 온전한 사람을 이루어 그리스도의 장성한 분량이 충만한 데까지 이르리니"(엡 4:13).

우리는 단지 자신의 안위와 필요를 위한 신앙에만 머물러서는 안 됩니다. 이 땅의 것과 세상 욕심을 위한 어린아이 신앙, 초보 신앙에 머물지 말고, 이전보다 수준 높은 신앙으로 새롭게 되십시오. 물질과 육신의 복을 구하는 수준에서 복음과 하나님 나라를 위한 믿음으로 새롭게 하십시오. 나의 필요만 구하는 신앙에서 교회와 민족과 세상을 품는 수준 높은 신앙으로 새롭게 하십시오.

그래서 저는 우리가 야베스처럼 기도하기를 제안합니다.

"야베스가 이스라엘 하나님께 아뢰어 이르되 주께서 내게 복을 주시려거든 나의 지역을 넓히시고 주의 손으로 나를 도우사 나로 환난을 벗어나 내게 근심이 없게 하옵소서 하였더니 하나님이 그가 구하는 것을 허락하셨더라"(대상 4:10).

야베스는 단지 자신의 땅이 넓어지기를 기도한 것이 아닙니다. 이것은 영향력에 대한 기도입니다. 야베스는 자기만 복을 누리기를 원하지 않았습니다. 자기 때문에 다른 사람들도 복받기를 원했습니다. 우리도 야베스처럼 수준 높은 신앙을 가지고 이렇게 기도해야 합니다.

'나 때문에 내 가정과 직원들이 복을 받게 하소서!'
'나 때문에 우리 교회와 민족이 복을 받게 하소서!'

'나 때문에 복음이 전해지고 하나님 나라가 확장되게 하소서!'
물론 야베스의 삶에도 많은 환난과 근심이 있었습니다. 그래서 야베스는 이렇게 간절히 기도했습니다.

"주의 손으로 나를 도우사 나로 환난을 벗어나 내게 근심이 없게
하옵소서"(대상 4:10).

그럼에도 야베스에게는 자신이 먹고살기 어려우니 도와달라는 내용이 1순위가 아니었습니다. 비록 환난과 근심된 일이 있지만, 그는 자기로 인해 하나님 나라가 확장되기를 구하는 큰 기도를 드렸습니다. 그런 의미에서 야베스는 먼저 하나님 나라와 그분의 의를 구하는 수준 높은 신앙인이었습니다.

우리도 수준을 높여야 합니다. '사랑', '섬김', '드림'의 수준을 높여야 합니다. 우리의 돕는 손길을 필요로 하는 곳에 더욱 적극적으로 사랑의 마음과 섬김의 수고와 재정을 드려 그들의 필요를 채워 주십시오. 그래서 야베스와 같은 수준 높은 신앙으로 사는 멋진 성도가 되십시오.

얼마 전, 오랜만에 헌금 현황을 살펴보았습니다. 보다 보니 십일조 금액이 줄어든 성도들이 있었습니다. 그만큼 힘들다는 의미입니다. 그렇지만 우리는 야베스처럼 수준 높은 신앙으로 새로워져야 합니다. 내 안의 한계를 넘어 나를 위해 일하시는

하나님을 경험하며 새로운 회복을 누려야 합니다. 그러기 위해서는 많이 힘들겠지만, 그래도 하나님만 바라보고 의지하는 수준 높은 신앙으로 새롭게 되어야 합니다.

> "그러므로 누구든지 이런 것에서 자기를 깨끗하게 하면 귀히 쓰는 그릇이 되어 거룩하고 주인의 쓰심에 합당하며 모든 선한 일에 준비함이 되리라"(딤후 2:21).

하나님은 우리가 믿음으로 준비한 만큼 채우고 회복시키십니다. 이삭을 번제로 드리러 갈 때 아브라함은 이삭에게 이렇게 말했습니다.

> "아브라함이 이르되 내 아들아 번제할 어린 양은 하나님이 자기를 위하여 친히 준비하시리라 하고"(창 22:8).

이삭의 번제 사건으로 새로운 회복을 경험한 아브라함은 이렇게 고백합니다.

> "아브라함이 그 땅 이름을 여호와 이레라 하였으므로 오늘날까지 사람들이 이르기를 여호와의 산에서 준비되리라 하더

라"(창 22:14).

미래를 준비하지 않는 것은 실패를 준비하는 것입니다. 영생
을 준비하지 않는 것은 심판과 지옥을 준비하는 것입니다. 새로
운 회복을 준비하지 않는 것은 고통을 준비하는 것입니다.

차원이 다른 믿음과 수준 높은 신앙을 준비하십시오. 그래서
우리의 한계를 넘어 역사하는 새로운 회복을 경험하십시오.

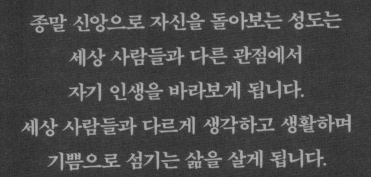

종말 신앙으로 자신을 돌아보는 성도는
세상 사람들과 다른 관점에서
자기 인생을 바라보게 됩니다.
세상 사람들과 다르게 생각하고 생활하며
기쁨으로 섬기는 삶을 살게 됩니다.

⓭

종말 신앙으로
오늘을 살아가는 법

회복의 원형은 하나님 나라다

눅 21:26-36

얼마 전, 안토니오 구테흐스(Antonio Guterres) 유엔 사무총장이 러시아가 핵무기를 사용할 수도 있다고 경고해서 제3차 세계 대전에 대한 공포와 두려움이 있습니다. 이 와중에 일본은 방사능 오염수를 배출한다고 합니다. 그러면 바다가 오염되어 해산물은 먹을 수가 없게 될 것입니다. 더구나 얼마 지나지 않아 일본 후쿠시마 앞바다에서 진도 7.3의 지진이 일어나 후쿠시마 원전 1호기와 3호기에서 핵연료를 보관하는 연료 수조의 냉각 기능이 일시 정지되는 사고가 발생했습니다.

전 세계적으로는 기후 변화로 인한 각종 피해가 일어나고 있습니다. 온도 상승으로 인해 해수면이 높아져 홍수, 가뭄, 태풍, 지진, 각종 전염병 등이 계속 발생하고 있습니다. 여기에는 산불 피해도 포함됩니다. 끝이 보이지 않는 코로나19도 우리를 계속 힘들게 합니다. 얼마 전, 한 성도가 코로나로 사업도 안 되는데 세금 때문에 죽겠다며 고통을 호소했습니다. 정말 견디거나 버티기가 힘든 세상입니다. 많은 사람이 비탄과 도탄에 빠져 있습니다. 마치 성경이 말씀하는 마지막 때인 것만 같습니다. 그런데 본문이 다루는 내용도 다르지 않습니다. 예수님은 예루살렘의 최후와 종말에 대해 말씀하고 계십니다.

"그날에는 아이 밴 자들과 젖먹이는 자들에게 화가 있으리니 이는 땅에 큰 환난과 이 백성에게 진노가 있겠음이로다 그들이 칼날에 죽임을 당하며 모든 이방에 사로잡혀 가겠고 예루살렘은 이방인의 때가 차기까지 이방인들에게 밟히리라"(눅 21:23-24).

주님은 그날에 '화가 있을 것이다', '환난과 진노가 있을 것이다', '밟힐 것이다'라고 말씀하십니다. 사실 이런 말씀을 들으면 무섭습니다. 그러나 주님이 이렇게 말씀하신 이유는 겁을 주려는 것이 아닙니다. '그날을 준비하라'는 것입니다.

"이러므로 너희는 장차 올 이 모든 일을 능히 피하고 인자 앞에 서도록"(눅 21:36).

그렇다면 우리가 기대하는 새로운 회복은 무엇입니까? 단지 우리의 상황이 나아지고, 우리의 문제가 해결되는 것입니까? 당연히 그것도 포함됩니다. 하나님이 그렇게 하실 것입니다. 괴롭고 답답한 문제가 해결되고, 막힌 담이 무너질 것입니다. 길을 만드시고, 기적을 행하시고, 어둠에 빛이 되시고, 약속을 이루시는 하나님의 능력을 경험하게 될 것입니다. 그러나 주님이 말씀하신 진정한 회복은 하나님 나라가 임하며, 우리를 향한 하나님의 뜻이 이루어지는 것입니다. 하나님 안에서 주의 영광에 동참하며 그분의 나라에서 영생을 누리는 것입니다. 그래서 주님은 이렇게 말씀하셨습니다.

"이런 일이 되기를 시작하거든 일어나 머리를 들라 너희 속량이 가까웠느니라"(눅 21:28).

'속량'이라는 말은 '구원'이라는 뜻입니다. 다시 말해, 죽음의 문제가 해결되고 영적인 회복이 이루어지는 새로운 회복이 가까웠다는 것입니다. 이런 새로운 회복을 누리려면 어떻게 해야 할까요?

종말 신앙으로 자신을 돌아보라

"뜻밖에 그날이 덫과 같이 너희에게 임하리라 이날은 온 지구상
에 거하는 모든 사람에게 임하리라"(눅 21:34-35).

세상 사람들은 대개 종말이 없는 것처럼 살아갑니다. 그러나
육신으로 사는 세상만 있는 것은 아닙니다. 영으로 사는 세상도
있습니다. 죽음은 이 둘의 경계일 뿐입니다. 사람들이 말하는
것처럼 오는 데는 순서가 있지만, 가는 데는 순서가 없습니다.
그러니 이 땅에 미련을 두고 미련하게 살지 마십시오. 종말 신
앙을 가지고 자신의 삶을 돌아보십시오.

성경은 우리의 육신을 '장막'이라고 표현합니다(고후 5:1). 장
막은 요즘 말로 말하면 텐트입니다. 육신은 사람의 목숨이 붙어
있는 동안 잠깐 거하다가 무너질 임시 처소에 불과하다는 것입
니다. 자신이 살고 있는 전셋집에 과감한 투자를 감행하는 사람
이 있을까요? 곧 떠날 집에 비싼 금액을 주고 투자하는 어리석
은 사람은 없을 것입니다. 그런데도 곧 떠날 육신을 위해 모든
것을 거는 어리석은 사람이 많습니다.

앞선 장에서 사두개인들은 현실주의자들로 살다가 허무한 결
과를 맞이했다는 내용을 살폈습니다. 그들은 부활도 없고 영생
도 없다고 생각했기에, 물질에 집착하고 일생의 삶만 생각하다

망하고 말았습니다. 주님은 신앙이 있음에도 이렇게 사는 자들에게 경고하십니다.

> "너희는 스스로 조심하라 그렇지 않으면 방탕함과 술 취함과 생활의 염려로 마음이 둔하여지고 뜻밖에 그날이 덫과 같이 너희에게 임하리라"(눅 21:34).

뜻밖에 임할 그날을 생각하며 새로운 회복을 준비하십시오. 종말 신앙으로 현재의 삶을 돌아보십시오. 우리는 영생의 관점에서 오늘을 돌아보고, 천국 시민답게 현재 우리의 신앙을 다시 돌아봐야 합니다. 육신은 이 땅에서 끝나지만, 생명을 소유한 우리는 영생합니다. 언젠가 끝날 이 땅의 삶에 연연하지 말고, 종말 신앙으로 자신을 돌아보십시오. 세상 것에 집착하지 말고 스스로 조심하십시오.

종말 신앙은 시한부 종말론자들의 전유물이 아닙니다. 종말 신앙은 성경 전체에 흐르고 있는 '신앙의 핵심'입니다. 많은 사람이 종말의 때가 언제인지 궁금해합니다. 그러나 종말은 이미 시작되었습니다. 기독교에서 말하는 종말은 예수님의 초림부터 시작되어 예수님의 재림으로 완성됩니다. 그래서 예수님은 공생애를 시작할 때부터 "회개하라 천국이 가까이 왔느니라"(마 4:17)라고 종말을 선언하신 것입니다. 예수님은 초림을 통해 '구원의 주'로, 재림을 통해 '심판의 왕'으로 오십니다.

오늘날 많은 성도가 종말을 평면적으로 생각합니다. 하지만 종말을 단지 '과거, 현재, 미래'로 구분 짓는 수평적인 '크로노스'의 시간으로 이해하면 신앙이 있어도 지치게 됩니다. 그래서 예수님이 승천하신 지 40년이 지난 A.D. 70년 즈음부터 사람이 만든 시간으로 기다리던 일부 성도들은 인내의 한계를 드러냈고, 초대 교회도 '시한부 종말론' 등의 이단들이 등장했습니다.

그러나 하나님이 일하시는 하나님의 시간, 영적 시간인 '카이로스' 개념으로 접근하면 지치지 않습니다. 이것을 다르게 설명하면, 생명이신 예수님이 세상에 육신으로 오신 것은 유한한 시공간 속에 '영원'이 들어온 것입니다. 그래서 육적 존재였던 우리는 물리적인 시간을 초월해 영생을 소유한 영적 존재로 구원을 얻은 것입니다.

종말 신앙도 이런 관점에서 이해해야 합니다. 주님을 믿지 않는 자는 이미 영적 종말을 맞이하고 죽은 것입니다. 반면에 영생이신 예수를 믿은 자는 영원한 생명을 얻은 것입니다. 종말 신앙의 핵심은 세상이 언제 끝나는가 하는 '타이밍'이 아닙니다. 육적 세상이 끝나고 영적 세계의 시작을 준비하는 '자세와 태도'가 중요한 것입니다. 그래서 주님은 이렇게 말씀하셨습니다.

"때와 시기는 아버지께서 자기의 권한에 두셨으니 너희가 알 바 아니요 오직 성령이 너희에게 임하시면 너희가 권능을 받고 예루살렘과 온 유대와 사마리아와 땅끝까지 이르러 내 증인이 되리라 하시니라"(행 1:7-8).

그래서 주님은 방탕함과 술 취함과 생활의 염려로 살지 말고, 신랑을 기다리는 신부처럼 종말 신앙을 가지고 자신을 돌아보며 새로운 회복의 때를 잘 준비하라고 강조하시는 것입니다. 하지만 예수님의 제자들은 이런 주님의 말씀을 이해하지 못하고 예수님을 단지 정치적인 메시아, 세상적인 메시아로만 생각하며 이 땅에서 자신들이 얻을 부귀영화만 계산하고 있었습니다. 심지어 십자가를 지시기 전 예수님과의 마지막 만찬에서도 제자들은 이 땅에서 누가 큰지를 두고 싸웠습니다. 서열 다툼, 자리싸움을 하고 있었습니다. 주님은 이런 제자들에게 이렇게 가르쳐 주셨습니다.

"너희는 그렇지 않을지니 너희 중에 큰 자는 젊은 자와 같고 다스리는 자는 섬기는 자와 같을지니라"(눅 22:26).

종말 신앙으로 자신을 돌아보는 성도는 세상 사람들과 다른 관점에서 자기 인생을 바라보게 됩니다. 세상 사람들과 다르게 생각하고 생활하며 기쁨으로 섬기는 삶을 살게 됩니다. 여기서 섬기는 삶이란 무엇입니까? 본문의 평행 구절인 마태복음 24장을 보십시오.

> "노아의 때와 같이 인자의 임함도 그러하리라 홍수 전에 노아가 방주에 들어가던 날까지 사람들이 먹고 마시고 장가들고 시집가고 있으면서 홍수가 나서 그들을 다 멸하기까지 깨닫지 못하였으니 인자의 임함도 이와 같으리라"(마 24:37-39).

이 말을 오해하지 마십시오. 마지막 때가 되면 먹고, 마시고, 장가들고, 시집가는 것을 포기한 채 교회에 모여서 살라는 것이 아닙니다. 당시 노아와 그 가족도 동일하게 먹고 마시고 장가들었습니다. 하지만 그들은 세상 사람들과 다른 목적을 가지고 살았습니다. 노아의 가족은 종말 신앙을 가지고 새로운 회복의 시작을 준비했습니다.

결국 종말 신앙으로 자신을 돌아보는 자는 주님의 말씀처럼 자신을 위해 살지 않고 섬기는 자로 살아가게 됩니다. 나를 목적으로 사는 것이 아니라 주님을 목적으로 살아갑니다. 자신의 욕심과 야망을 위해서 살아가지 않습니다. 자신이 중요해지려고 노력하는 대신, 하나님 나라와 복음을 위해 목숨을 겁니다. 이것이 바로 주님이 가르쳐 주신 섬기는 삶입니다. 주님이 말씀하신 섬김은 단지 삶의 태도를 말하는 것이 아닙니다. 사람이 살아가는 인생의 기준과 목적과 방법을 설명하는 것입니다.

당신은 어디에 가치를 두고 살아가고 있습니까? 이 땅입니까, 아니면 하나님 나라입니까? 세상 사람들은 자신을 위해 권력을 추구합니다. 하지만 섬기는 성도는 주를 위해 권력을 사용합니다. 세상 사람들은 자신을 위해 물질을 모읍니다. 하지만 섬기는 성도는 주님과 교회를 위해 물질을 사용합니다. 세상 사람들은 자신을 위해 능력과 학벌을 추구합니다. 하지만 섬기는 성도는 주를 위해 능력과 학벌을 사용합니다. 세상 사람들은 자신을 위해 명예를 추구합니다. 하지만 섬기는 성도는 주를 위해 자신의 명예를 사용합니다. 세상 사람들은 자신을 위해 투쟁합니다. 하지만 섬기는 성도는 주님을 사랑하고 이웃에게 사랑을 실천합니다.

종말 신앙을 가지고 현재의 삶을 돌아보십시오. 세상 즐거움과 육적인 즐거움에 취해 살지 마십시오. 하나님과 교회와 이웃을 자원해서 섬기는 착하고 충성된 청지기로 살아가십시오.

재림 신앙으로 주님을 바라보라

"그때에 사람들이 인자가 구름을 타고 능력과 큰 영광으로 오는 것을 보리라"(눅 21:27).

구약의 약속대로 세상에 오신 주님은 신약의 약속대로 이 땅에 다시 오신다고 말씀하셨습니다.

"천지는 없어지겠으나 내 말은 없어지지 아니하리라"(눅 21:33).

주님은 반드시 다시 오십니다. 그래서 주의 재림이 믿지 않는 자들에게는 두려움과 공포와 심판입니다. 하지만 주의 재림을 기다리는 우리에게는 영광의 날, 기쁨의 날, 능력이 선포되는 날입니다.

"이러므로 너희는 장차 올 이 모든 일을 능히 피하고 인자 앞에 서도록 항상 기도하며 깨어 있으라 하시니라"(눅 21:36).

우리는 다시 오실 주님 앞에 설 수 있도록 항상 기도하며 깨어 있어야 합니다. 주님은 세상에 반드시 다시 오시기 때문입니다. 오늘날 많은 사람이 이 땅의 삶이 전부인 것처럼 살아갑니다. 자기가 가진 모든 것이 다 자기 것이라고 생각하며 자신을 위해 자기 마음대로 살아갑니다. 그런데 주님은 이렇게 말씀하십니다.

"너희는 나의 모든 시험 중에 항상 나와 함께한 자들인즉 내 아버지께서 나라를 내게 맡기신 것같이 나도 너희에게 맡겨"(눅 22:28-29).

하나님은 우리에게 모든 것을 맡기셨습니다. 시간도 맡기고, 돈도 맡기고, 재능도, 은사도, 수많은 영혼도 맡기셨습니다. 우리는 다시 오실 주님을 바라보며 이 모든 것을 잘 사용해야 합니다.

우리가 애쓰고 힘써서 이 땅에서 인정받는 수많은 업적을 세웠어도, 그 노력이 결산하시는 주님 앞에 외면 받는다면 실패한 인생을 산 것입니다. 주님 앞에 설 수 없다면 완전히 망한 것입니다. 내가 원하는 것을 얻고 누리는 것이 인생의 최고 목표가 되어서는 안 됩니다. 주님이 다시 오실 때, 주님 앞에서 부끄러울 것이 없는 일꾼으로 인정된 자로 서는 것이 훨씬 더 중요합니다.

성도들에게 있어 인생의 정점은 이 땅에서 잘 되었을 때가 아닙니다. 주님이 다시 오시는 때입니다. 그때가 인생 최고의 순간입니다. 그래서 주님은 이때를 위해 항상 기도하고 깨어 있으라고 말씀하시는 것입니다. 재림하실 주님 앞에서 우리는 모두 둘 중 하나로 결정됩니다. 착하고 충성된 종, 혹은 악하고 게으른 종으로 말입니다.

자격 없는 내가 어떻게 주의 은혜로 존귀한 하나님의 자녀가 되었는지를 생각해 보십시오. 주님의 은혜를 아는 자는 자신의 생애를 주님과 동행하고, 주님만 의지하며, 주님만 바라보는 신앙으로 살게 될 것입니다.

코로나를 핑계로, 사업이 어렵다는 이유로, 당장 내 형편이 힘들다는 이유로 교회에서 멀어지고, 예배를 소홀히 여기며, 믿음에서 후퇴한 사람이 있다면 베드로처럼 다시 돌이키십시오. 다시 주님을 찬양하고 높이는 예배의 자리로 돌아오십시오. 다시 주님을 예배하고 교회를 섬기는 자리로 돌아오십시오. 가룟 유다처럼 새로운 회복에서 소외되고 제외되는 불행한 자가 되지 말고, 베드로처럼 새로운 회복을 누리는 자가 되십시오. 그 어떤 상황 속에서도 주님과 함께하는 영적 동지가 되십시오.

▼

'운명의 날 시계'로도 불리는 '지구 종말 시계'(Doomsday Clock)가 있습니다. 이 시계의 분침은 미국의 '핵 과학자회'가 열한 명의 노벨상 수상자를 포함하는 후원위원회와 함께 협의해 결정합니다. 이 시계는 1947년, 미국 시카고대학에서 발행한 핵과학회지 〈불리틴〉(The Bulletin of the Atomic Scientists) 표지에 실린 뒤 최근까지 20여 차례 수정되었는데, 2022년 1월 21일을 기준으로 분침은 '23시 58분 20초'입니다. 자정은 지구 멸망의 순간인데, 자정까지 겨우 1분 40초 남았습니다.

주님은 무화과나무 비유를 통해 말씀하신 세상의 징조들이 있으면 하나님 나라가 가까이 왔다는 것을 알라고 경고하셨습니다.

"비유로 이르시되 무화과나무와 모든 나무를 보라 싹이 나면 너희가 보고 여름이 가까운 줄을 자연히 아나니 이와 같이 너희가 이런 일이 일어나는 것을 보거든 하나님의 나라가 가까이 온 줄을 알라"(눅 21:29-31).

우리는 지금 영적 본능으로 하나님 나라가 가까웠고, 주님이 다시 오실 새로운 회복의 때도 가까워졌다는 것을 알고 있습니다. 저는 그리스도인 모두가 그 어떤 상황 속에서도 흔들리지 않기를 바랍니다. 그래서 가까워진 새로운 회복을 기대하며 종말 신앙으로 자신을 돌아보고, 재림 신앙으로 주님을 바라보는 착하고 충성된 성도가 되기를 소망합니다.

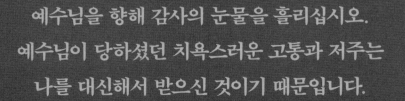

예수님을 향해 감사의 눈물을 흘리십시오.
예수님이 당하셨던 치욕스러운 고통과 저주는
나를 대신해서 받으신 것이기 때문입니다.

인생의 눈물을
영혼의 선물로 바꾸는 법

회복은 울음을 웃음으로 바꾼다

눅 23:26-33

얼마 전, 한 성도가 울면서 전화를 했습니다. 우리도 속상하고, 힘들고, 지치고, 괴로워 울 때가 많습니다. 드러내지 않고 남몰래 눈물 흘리는 사람도 있을 것입니다. 저도 요즘 종종 웁니다. 기도하며 눈물을 흘립니다. 완악해 가는 세상 사람들을 보면 속상해서 눈물이 나고, 코로나로 신앙이 무뎌져 가거나 힘들어하는 성도들을 보면 안타까워 눈물이 납니다. 이 암담한 시대의 미래를 위해 교회가 어떻게 해야 할지 길은 보이는데 함께할 사람이 부족해 눈물이 나기도 합니다. 개인적으로는 간절하고 절박한 기도 제목들이 있어 눈물로 기도합니다.

저는 지금까지 살면서 통곡하며 눈물을 흘렸던 적이 손에 꼽을 정도입니다. 하지만 이제는 절박하게 울며 기도하는 순간이 너무 많아져서 셀 수가 없습니다. 마음이 약해져서 그런 것은 아닙니다. 주님 다시 오실 날이 가까워졌고, 이로 인한 환경과 상황이 너무 급변해서 힘들기 때문입니다.

더 이상 우리 혼자만의 힘과 능력으로는 버텨 낼 수가 없습니다. 교회는 서로에게 힘이 되는 영적 공동체의 본질을 회복해야 합니다. 함께 모여 서로 격려하고 기도하는 소그룹 모임에 참여해야 합니다. 우리 한계를 넘어 일하시는 성령으로 충만해야 합니다.

그런데 우리만 울고 있는 것이 아닙니다. 예수님도 우셨습니다. 복음서에 보면 예수님이 우셨다는 표현이 여러 번 나오는데, 그중에 한 번은 '나사로가 죽은 현장'에서 우셨고(요 11장), 다른 한 번은 '예루살렘에 입성하며' 우셨습니다(눅 19장). 두 번 다 그냥 우신 것이 아닙니다. 비통함의 눈물을 흘리셨습니다.

나사로가 죽었을 때는 죄의 삯인 사망이 인간을 지배하는 비극적 현실 앞에서 우셨습니다. 부활과 영생을 믿지 못하고 너무 슬퍼하는 사람들의 믿음 없음과 연약함을 보며 우셨습니다.

"주께서 여기 계셨더라면 내 오라버니가 죽지 아니하였겠나이다 하더라 예수께서 그가 우는 것과 또 함께 온 유대인들이 우는 것을 보시고 심령에 비통히 여기시고 불쌍히 여기사 이르시되 그를 어디 두었느냐 이르되 주여 와서 보옵소서 하니 예수께서 눈물을 흘리시더라"(요 11:32-35).

예수님이 예루살렘에 입성하실 때는 환호하는 백성을 바라보며 갑자기 울기 시작하셨습니다. 당황스럽게 왜 우셨을까요? 수많은 백성의 환호 소리에 감격해서 우셨을까요? 성경을 보십시오.

> "온 무리가 자기들이 본바 모든 능한 일로 인하여 기뻐하며 큰 소리로 하나님을 찬양하여 … 가까이 오사 성을 보시고 우시며 이르시되 너도 오늘 평화에 관한 일을 알았더라면 좋을 뻔하였거니와 지금 네 눈에 숨겨졌도다"(눅 19:37, 41-42).

예수님은 사람들의 구원을 위해 평화의 왕으로 오셨습니다. 정치적인 메시아가 아니라, 영혼의 구원자로 세상에 오셨습니다. 그러나 당시 사람들은 이것을 알지 못하고 단지 예수님이 행한 능하신 일들로 인해 기뻐했습니다. 주님은 당신이 세상에 온 목적을 알지 못하는 백성의 영적 무지함이 안타까워 우신 것입니다.

본문은 예수님이 십자가 죽음을 위해 끌려가시는 장면을 그리고 있습니다.

> "그들이 예수를 끌고 갈 때에 시몬이라는 구레네 사람이 시골에서 오는 것을 붙들어 그에게 십자가를 지워 예수를 따르게 하더

라 또 백성과 및 그를 위하여 가슴을 치며 슬피 우는 여자의 큰 무리가 따라오는지라"(눅 23:26-27).

예수님이 처형당하시기 위해 끌려가는 길을 많은 사람이 가슴을 치고 슬피 울며 따라갑니다. 하지만 이런 처절한 예수님의 죽음이 우리에게는 영원히 살게 되는 새로운 회복의 시작이었습니다.

"친히 나무에 달려 그 몸으로 우리 죄를 담당하셨으니 이는 우리로 죄에 대하여 죽고 의에 대하여 살게 하심이라 그가 채찍에 맞음으로 너희는 나음을 얻었나니"(벧전 2:24).

많은 사람이 울고 있습니다. 우리는 무엇을 위해서 울어야 할까요?

주님을 향해 울라

"또 백성과 및 그를 위하여 가슴을 치며 슬피 우는 여자의 큰 무리가 따라오는지라"(눅 23:27).

십자가를 지기 위해 힘겹게 걸어가시는 예수님을 보고 많은 사람이 주님을 위해 눈물을 흘리며 슬퍼했습니다. 주님이 불쌍해 통곡한 사람도 있었습니다. 신명기에 보면 이런 말씀이 있습니다.

"사람이 만일 죽을죄를 범하므로 네가 그를 죽여 나무 위에 달거든 … 그날에 장사하여 네 하나님 여호와께서 네게 기업으로 주시는 땅을 더럽히지 말라 나무에 달린 자는 하나님께 저주를 받았음이니라"(신 21:22-23).

아무 죄가 없는 예수님이 저주의 십자가에서 처형을 당하신다는 것은 말이 안 되는 억울한 일입니다. 메시아가 어떻게 이렇게도 치욕스럽게 죽을 수 있습니까? 많은 이들이 이런 주님을 위해 울었습니다. 그러나 우리는 알아야 합니다. 예수님이 저주받은 자로 십자가 나무 위에서 죽으신 것은 예수님의 죄 때문이 아닙니다. 우리의 죄 때문입니다. 예수님은 우리의 죄 때문에 십자가에서 죽으신 것입니다.

"그리스도께서도 단번에 죄를 위하여 죽으사 의인으로서 불의한 자를 대신하셨으니 이는 우리를 하나님 앞으로 인도하려 하심이라"(벧전 3:18).

예수님을 향해 감사의 눈물을 흘리십시오. 우리는 이런 주님의 은혜를 생각하며 감사의 눈물을 흘려야 합니다. 예수님이 당하셨던 치욕스러운 고통과 저주는 나를 대신해서 받으신 것이기 때문입니다. 그래서 사도 바울은 고린도교회에 이렇게 편지를 썼습니다.

"내가 너희에게 알리노니 하나님의 영으로 말하는 자는 누구든지 예수를 저주할 자라 하지 아니하고 또 성령으로 아니하고는 누구든지 예수를 주시라 할 수 없느니라"(고전 12:3).

예수님이 왜 이 땅에 오셨는지 그 이유를 아는 자, 즉 성령 안에 있는 자는 예수님을 저주받은 자라 하지 않고 오히려 예수님만이 진정한 '나의 주님'이라고 고백하게 된다는 것입니다. 현실이 답답해 울기 전에 나를 대신해서 십자가를 지신 예수님을 향해 눈물을 흘리십시오. 주님의 고통이 불쌍하다고 울지 말고, 나를 위해 십자가를 지신 주님의 은혜에 감사하는 눈물을 흘리십시오.

인생의 큰 고난 가운데 있었던 욥은 이렇게 고백합니다.

"나의 친구는 나를 조롱하고 내 눈은 하나님을 향하여 눈물을 흘리니"(욥 16:20).

왜 그랬을까요? 잘나가던 욥이 고난을 당하자 모든 사람이 욥을 버렸습니다. 얼마나 외롭고 힘들었을까요? 위로한다고 온 친구들조차 자신을 훈계하고 조롱했습니다. 아무도 그의 위로가 되지 않았습니다. 그래서 욥은 하나님을 향해 눈물을 흘린 것입니다. 연약하고 무익한 자신을 버리지 않고 끝까지 사랑하시며, 언제나 자기편이 되어 주고 도움이 되신 하나님을 향해 그는 눈물을 흘린 것입니다.

우리도 주님을 향해 울어야 합니다. 그래야 우리에게 긍휼을 베풀어 주시는 주님의 은혜를 경험할 수 있습니다. 그런 경험을 했던 사람이 바로 죽을병에 걸렸던 히스기야입니다.

"내가 네 기도를 들었고 네 눈물을 보았노라 내가 너를 낫게 하리니 네가 삼 일 만에 여호와의 성전에 올라가겠고 내가 네 날에 십오 년을 더할 것이며 … 이 성을 보호하리라"(왕하 20:5-6).

하나님은 당신을 향해 울면서 기도하는 히스기야 왕의 간절함을 들으셨습니다. 그 결과 15년을 더 살게 하셨고, 성을 보호하셨습니다. 하나님을 향해 눈물을 흘린 히스기야에게 은혜를 베푸신 것입니다. 주님을 향해 감사의 눈물을 흘리는 자가 되십시오. 그럴 때 히스기야의 눈물의 기도를 들으신 하나님께서 우리가 주님을 향해 흘리는 눈물의 기도에 응답하실 것입니다.

자신을 위해 울라

"예수께서 돌이켜 그들을 향하여 이르시되 예루살렘의 딸들아
나를 위하여 울지 말고 너희와 너희 자녀를 위하여 울라"(눅 23:28).

예수님은 당신을 못 박은 죄악 때문에 멸망할 예루살렘의 최
후를 아셨습니다. 하나님의 백성이 겪을 환난과 고난을 미리 아
셨습니다. 그래서 주님은 그들 자신과 자녀들을 위해 울라고 말
씀하신 것입니다.

오늘날 많은 사람이 괴로운 현실과 물질의 부족함 때문에 눈
물을 흘립니다. 잠시 사는 이 땅에서의 욕심을 채우지 못해서,
또는 자기가 원하는 것을 얻거나 누리지 못한 속상함에 눈물을
흘립니다. 그러나 우리는 물질의 결핍에 울 것이 아니라, 믿음
의 결핍을 안타까워하며 울어야 합니다. 현실의 고통에 눈물 흘
리는 대신, 자신의 죄를 깨닫지 못하는 완악함에 대해 눈물 흘
려야 합니다. 다른 것을 위해 울지 말고, 믿음 없는 자신을 위해
우십시오. 구원받았으면서도 감사하지 못한 채 주님께 인색한
자신에 대해 눈물 흘리십시오. 주님께 많은 것을 받았으나 주를
위해 사용하지 않고 자신만 위하는 악하고 게으른 자신에 대해
눈물 흘리십시오.

고(故) 이어령 교수는 이렇게 말했습니다.

내 것인 줄 알았으나 받은 모든 것이 선물이었다.

오늘날 성도들의 마음이 완악합니다. 믿음은 너무 건조합니다. 주님을 향한 감사의 눈물도 없고, 자신의 죄에 대한 회개의 눈물도 없습니다. 주님은 이런 자들을 향해 말씀하십니다.

"푸른 나무에도 이같이 하거든 마른 나무에는 어떻게 되리요 하시니라"(눅 23:31).

마른 나무는 푸른 나무와는 달리 쉽게 불이 붙을 것입니다. 이 말씀의 의미는, 죄가 없으신 예수님도 이렇게 고초를 받으시는데, 죄 있는 자들은 앞으로 어떤 고난을 당하게 되겠느냐는 것입니다. 이제는 당신 자신과 당신의 자녀를 위해 우십시오. 세리처럼 가슴을 치며 내가 죄인이라고 회개하며 우십시오. 예수님을 부인했던 베드로처럼 자신을 위해 통곡하십시오.

"베드로가 예수의 말씀에 닭 울기 전에 네가 세 번 나를 부인하리라 하심이 생각나서 밖에 나가서 심히 통곡하니라"(마 26:75).

베드로는 예수님을 배반하지 않는다고 큰소리쳤으나 곧 부인한 부끄럽고 연약한 자신을 향해 통곡했습니다. 회개의 눈물을 흘렸습니다. 그런데 이게 단지 베드로의 이야기만 되어서는 안 됩니다. 우리는 우리 자신을 위해 울어야 합니다. 주님의 큰 은혜를 받고도 깨닫지 못한 채 마음대로, 욕심을 따라 사는 미련하고 어리석은 자신을 위해 회개의 눈물을 흘려야 합니다. 통곡해야 합니다.

'하나님 마음에 맞는 사람'이라는 칭호를 얻었던 다윗은 눈물의 사람이었습니다. 다윗의 시편을 보십시오.

"내가 탄식함으로 피곤하여 밤마다 눈물로 내 침상을 띄우며 내 요를 적시나이다 … 악을 행하는 너희는 다 나를 떠나라 여호와께서 내 울음소리를 들으셨도다"(시 6:6,8).

다윗은 한평생을 하나님 앞에 눈물로 나아갔습니다. 그의 삶에는 비록 실수가 많았지만, 이것이 바로 그가 하나님께 인정받고 사랑받는 비결이었습니다. 이렇게 하나님은 자기 자신을 위해 우는 자에게 새 일을 행하십니다.

"너희가 회개하고 돌이켜 너희 죄 없이 함을 받으라 이같이 하면 새롭게 되는 날이 주 앞으로부터 이를 것이요"(행 3:19).

그러나 자신을 위해 눈물을 흘리지 않는 사람에게는 이렇게 말씀하십니다.

"그러므로 어디서 떨어졌는지를 생각하고 회개하여 처음 행위를
가지라 만일 그리하지 아니하고 회개하지 아니하면 내가 네게 가
서 네 촛대를 그 자리에서 옮기리라"(계 2:5).

당신의 믿음과 자녀의 미래를 위해 눈물 흘리십시오. 하나님
을 알되 하나님을 영화롭게도 하지 않고, 감사하지도 않고, 오
히려 그 생각이 허망해지고 미련한 당신의 죄에 대해 우십시오.
주님은 자기 자신을 위해 우는 자에게 이렇게 약속하셨습니다.

"애통하는 자는 복이 있나니 그들이 위로를 받을 것임이요"
(마 5:4).

암담한 우리에게 새로운 회복이 시작되는 길은 애통하는 것
입니다. 성경은 이렇게 말씀합니다.

"한 그릇 음식을 위하여 장자의 명분을 판 에서와 같이 망령된 자
가 없도록 살피라 너희가 아는 바와 같이 그가 그 후에 축복을 이
어받으려고 눈물을 흘리며 구하되 버린바가 되어 회개할 기회를
얻지 못하였느니라"(히 12:16-17).

모든 것에는 때가 있습니다. 지금이 바로 새로운 회복의 때입니다. 에서처럼 뒤늦게 울지 말고, 하나님을 향해 눈물로 기도하십시오. 자신을 위해 눈물로 기도하십시오. 지금이 바로 애통할 때입니다.

▼

서두에 이야기한 것처럼, 지금 우리에게는 눈물 날 일이 많습니다. 그러나 눈물을 흘리며 기도하는 자는 기쁨으로 새로운 회복을 경험하게 될 것입니다. 주님도 이 땅에 계실 때 눈물로 기도하셨습니다.

"그는 육체에 계실 때에 자기를 죽음에서 능히 구원하실 이에게 심한 통곡과 눈물로 간구와 소원을 올렸고 그의 경건하심으로 말미암아 들으심을 얻었느니라"(히 5:7).

지금 우리에게 필요한 것은 나의 힘과 능력이 아닙니다. 내 한계를 넘어 일하시는 성령님의 능력입니다. 우리의 연약함을 이길 수 있도록, 우리의 죄악에서 벗어날 수 있도록, 우리가 다시 회복할 수 있도록 우리를 위하시는 성령님과 함께 눈물로 기도하십시오.

"이와 같이 성령도 우리의 연약함을 도우시나니 우리는 마땅히 기도할 바를 알지 못하나 오직 성령이 말할 수 없는 탄식으로 우리를 위하여 친히 간구하시느니라"(롬 8:26).

성령님이 우리를 도우십니다. 성령님이 우리를 만지고 고치십니다. 하나님을 향해 눈물을 흘리십시오. 자신을 위해 눈물을 흘리십시오. 그러면 새로운 회복을 누리게 될 것입니다.

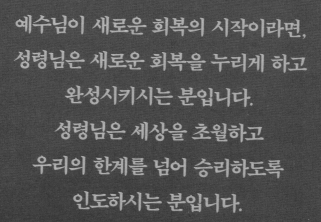

예수님이 새로운 회복의 시작이라면,
성령님은 새로운 회복을 누리게 하고
완성시키시는 분입니다.
성령님은 세상을 초월하고
우리의 한계를 넘어 승리하도록
인도하시는 분입니다.

⑮

회복의 완성을
이루는 법

성령과 함께하는 삶이 회복된 삶이다

눅 24:44-53

얼마 전 뉴스에, 신랑이 결혼식 며칠 전 갑자기 코로나에 확진 되었는데, 예약한 결혼식장을 취소할 수 없어서(취소 시 1천만 원 손해), 신랑은 집에서 화상으로 등장하고 신부 혼자 예식장에서 결혼식을 진행한 사진을 보았습니다. 너무 슬프고 안타까운 코로나 시대의 모습입니다. 이렇게까지 하며 결혼했는데 이혼하려고 결혼했을까요? 아닙니다. 만일 사망 보험금을 타기 위해 결혼한다는 것을 알면 결혼할까요? 혹은 지금 모든 것을 투자해서 준비하는 사업이 망할 것을 알면 시작할까요? 결국 실패할 사업이라면 시작하지도 않을 것입니다.

반대로 지금은 불확실하고 아무것도 보장되어 있지 않지만, 잘되고 대박 날 것이라는 것을 알고 있다면 어떻게 할까요? 내가 가진 모든 것을 끌어 모아 투자할 것입니다. 그렇다면 세상 일에 대해서는 분별하고 '올인'하는데, 왜 믿음에 대해서는 '올 인'하지 않고 적당히 신앙생활하는 것일까요? 하나님에 대한 믿음과 확신이 없기 때문입니다. 정말로 믿는다면 주저함 없이 믿는 대로 살게 되어 있습니다.

성경은 말씀합니다. 믿음은 바라는 것들의 실상이고, 보이지 않는 것들의 증거입니다. 믿음은 현실이며 실제입니다. 우리가 믿음으로 기도하면 반드시 응답됩니다. 믿지 않으니까 증거가 없고, 의심하니까 눈에 안 보이는 것입니다. 새로운 회복에 대한 하나님의 약속은 반드시 이루어집니다. 이 믿음을 가진 자에게는 새로운 회복이 현실이 됩니다. 믿음으로 새로운 회복을 기대하며, 믿음으로 간절히 기도하십시오.

"하나님은 사람이 아니시니 … 어찌 그 말씀하신 바를 행하지 않으시며 하신 말씀을 실행하지 않으시랴"(민 23:19).

본문에서 주님은 무지한 제자들에게 이것을 깨닫게 하셨습니다.

"이에 그들의 마음을 열어 성경을 깨닫게 하시고"(눅 24:45).

주님은 제자들의 마음을 열어 예수님이 누구인지 알게 하셨습니다. 주님이 왜 이 땅에 오셨고, 예수 이름에 어떤 권세가 있으며, 예수 이름으로 살 때 어떤 역사가 있는지를 깨닫게 하셨습니다. 주님은 모든 것을 새롭게 회복시키시는 분임을 알게 하셨습니다. 이를 위해 약속하신 대로 세상에 오셨고, 말씀대로 죽으셨으며, 말씀대로 다시 부활해 승천하시는 것을 알고, 깨닫고, 보게 하셨습니다. 누가는 주님이 이 말씀을 하신 후 승천하실 때의 상황을 기록했습니다.

"예수께서 그들을 데리고 베다니 앞까지 나가사 손을 들어 그들에게 축복하시더니 축복하실 때에 그들을 떠나 [하늘로 올려지시니] 그들이 [그에게 경배하고] 큰 기쁨으로 예루살렘에 돌아가 늘 성전에서 하나님을 찬송하니라"(눅 24:50-53).

이제 예수님은 하늘로 떠나셨고, 제자들은 여전히 위기에 처해 있습니다. 그들이 처한 환경은 변한 것이 없습니다. 그럼에도 그들은 큰 기쁨으로 돌아가 성전에서 하나님을 찬송하는 새로운 회복을 누렸습니다.

우리도 마찬가지입니다. 우리가 처한 현실은 여전히 힘들고 괴롭습니다. 그러나 우리는 상황과 환경을 초월해 기쁨으로 찬양하는 새로운 회복을 누릴 수 있습니다. 그런데 이를 위해서는 알아야 할 것이 있습니다.

새로운 회복은 예수님으로 시작된다

"모세의 율법과 선지자의 글과 시편에 나를 가리켜 기록된 모든
것이 이루어져야 하리라 한 말이 이것이라"(눅 24:44).

예수님은 지금까지 제자들에게 했던 모든 말씀의 핵심을 설명
하십니다. 그동안 예수님이 가르치셨던 말씀과 백성이 알고 있
던 모든 율법의 예언이 예수님에 대한 것이라고 풀어 주십니다.
그렇습니다. 새로운 회복은 이 땅의 고통과 죽음의 저주를 끝
내신 예수님으로부터 시작됩니다. 당신은 주님이 십자가에 달
려 죽을 때 마지막으로 하신 말씀을 기억합니까? "테텔레스타
이"(Τετέλεσται)!

"예수께서 신 포도주를 받으신 후에 이르시되 다 이루었다 하시
고 머리를 숙이니 영혼이 떠나가시니라"(요 19:30).

사실 이 말은 당시 일상에서 많이 쓰던 말이었습니다. 예술가
가 좋은 작품을 완성했을 때, 하인이나 일꾼이 일을 완전히 끝

마쳤을 때, 백성이 흠 없는 제물을 바칠 때 제사장이 합격의 의미로 '테텔레스타이'라고 말했습니다. 또한 모든 채무 관계가 끝났을 때, 죄수들이 모든 형량을 다 마쳤을 때도 증서 위에 '테텔레스타이'라고 썼습니다. 전쟁에서 승리했을 때에도 '테텔레스타이'라고 외쳤습니다.

예수님도 십자가에서 돌아가실 때 마지막에 큰 소리로 선포하셨습니다. "테텔레스타이! 다 이루었다!" 이 땅의 모든 사람의 고통과 사망과 저주를 대신 죽어 다 해결했다는 것입니다. 그러니 이제는 죽음과 사망이 더 이상 우리 인생에 대한 권리를 주장하지 못합니다. 예수님께서 나무 십자가에 달려 우리 대신 죽으심으로 우리에 대한 죗값을 대신 갚아 속량하셨기 때문입니다.

"그가 우리를 대신하여 자신을 주심은 모든 불법에서 우리를 속량하시고 우리를 깨끗하게 하사 선한 일을 열심히 하는 자기 백성이 되게 하려 하심이라"(딛 2:14).

이게 바로 예수님이 우리를 위해 이루신 복음입니다.

그렇습니다. 모든 새로운 회복은 예수님으로부터 시작됩니다. 그래서 마태는 마태복음을 이렇게 시작했습니다.

"아브라함과 다윗의 자손 예수 그리스도의 계보라"(마 1:1).

이것은 예수님으로부터 새로운 회복의 시대가 시작되었다는 것을 선포하는 것입니다. 모든 새로운 회복은 예수님으로부터 시작됩니다. 우리는 새로운 회복을 방해하는 우리의 원죄를 회개해야 합니다.

"그리스도가 고난을 받고 제 삼 일에 죽은 자 가운데서 살아날 것과 또 그의 이름으로 죄 사함을 받게 하는 회개가 예루살렘에서 시작하여 모든 족속에게 전파될 것이 기록되었으니"(눅 24:46-47).

우리는 새로운 회복의 시작이신 예수님을 불신하고 의심하는 죄를 회개하고 죄 사함을 받아야 합니다. 그래야 예수님 안에서 새로운 회복의 은혜를 누릴 수 있습니다. 이사야 선지자는 이렇게 말합니다.

"우리는 다 양 같아서 그릇 행하여 각기 제 길로 갔거늘 여호와께서는 우리 모두의 죄악을 그에게 담당시키셨도다"(사 53:6).

우리는 양처럼 내 맘대로 나의 길을 고집하며 살아갑니다. 그러나 우리가 살고 싶은 대로 살고, 하고 싶은 대로 하며 살아온 결과가 어떻습니까? 내 힘과 능력을 의지하며 살아온 열매가 무엇입니까? 모두 '꽝'입니다. 이제는 더 이상 길 잃은 양처럼 이리저리 방황하지 마십시오. 내 주장과 고집으로 내 길을 가지 말고 주의 길을 가기로 결심하십시오. 새로운 회복은 오직 예수님 안에서만 시작됩니다.

우리는 히브리서 12장 2절의 말씀처럼 "믿음의 주요 또 온전하게 하시는 이인 예수를" 바라봐야 합니다. 오직 주님만 바라보십시오. 종말 신앙과 재림 신앙을 가지고 하나님 나라를 소망하며 살아가십시오. 그럴 때 새로운 회복의 시작인 예수 안에서 과거와는 다른 차원의 행복과, 이전에 없던 수준 높은 기쁨과, 평안이 가득한 회복의 은혜를 누리게 될 것입니다.

새로운 회복은 성령님께서 완성하신다

주님은 승천하면서 이렇게 말씀하셨습니다.

"볼지어다 내가 내 아버지께서 약속하신 것을 너희에게 보내리니 너희는 위로부터 능력으로 입혀질 때까지 이 성에 머물라 하시니라"(눅 24:49).

이 말씀은 주님이 약속하신 보혜사 성령님이 이 땅에 오셔서 승천하신 예수님 대신 성도들을 인도하며, 하늘의 능력으로 내 안의 한계를 넘어 새로운 회복을 누리게 하신다는 것입니다. 우리는 생명을 소유한 영적 존재입니다. 하지만 아직은 육신으로 이 땅에 살고 있습니다. 성령님은 이런 우리의 육적 한계와 이 땅의 제한을 넘어 새로운 회복을 누릴 수 있도록 도우십니다. 길을 만들고 약속을 성취하며, 어둠에 빛이 되고 기적을 행하시는 하나님의 약속은 성령을 통해 이루어집니다.

"진리의 성령이 오시면 그가 너희를 모든 진리 가운데로 인도하시리니"(요 16:13).

그렇습니다. 예수님이 새로운 회복의 시작이라면, 성령님은 새로운 회복을 누리게 하고 완성시키시는 분입니다. 성령님은 세상을 초월하고 우리의 한계를 넘어 승리하도록 인도하시는 분입니다.

성경을 보면 제자들은 수없이 많은 환난과 박해와 고난을 당했습니다. 그러나 그들은 성령과 기쁨이 충만했습니다. 성령과 평안이 풍성했습니다. 성령과 용기로 모든 두려운 상황에서 승리의 삶을 살았습니다. 대표적으로 스데반 집사는 돌에 맞아 순교하는 상황에서도 성령 충만함으로 복음을 담대하게 전했습니다. 또한 바울은 선교 여행을 하는 동안 숱한 고초를 당했지만, 흔들림 없이 이방인들에게 복음을 전했습니다.

우리가 새로운 회복을 누릴 수 있는 비결은 우리의 상황이 개선되거나 문제가 해결되어서가 아닙니다. 변하지 않는 힘든 상황이지만, 우리와 함께하시는 성령님이 새로운 회복을 누리게 하시기 때문입니다. 이 땅에 있는 우리의 힘과 능력으로 새로운 회복은 불가능합니다. 내 안의 한계를 넘는 성령의 능력은 오직 하늘로부터 옵니다. 그래서 본문은 이렇게 말씀합니다.

"너희는 위로부터 능력으로 입혀질 때까지"(눅 24:49).

진정한 회복은 아래로부터(인간) 시작되는 것이 아닙니다. 위로부터 시작됩니다. 하늘의 성령님이 오셔서 완성하는 것입니다. 예수님이 시작하신 일은 성령님이 완성시키시기 때문입니다.

창조와 구원도 마찬가지입니다. 성부 하나님이 천지 창조와 구원을 계획하셨고, 말씀이신 성자 예수님이 친히 내려와 창조와 구원을 실행하셨고, 수면 위를 운행하며 창조를 완성하신 성령님이 구원 또한 완성하셨습니다. 성령님이 우리에게 임하시면 황폐한 우리의 삶과 심령에 풍성한 열매가 맺힙니다. 하나님의 성령이 임하시면 평안과 기쁨이 넘칩니다. 성령님의 능력이 임하시면 세상을 이기는 승리가 보장됩니다.

그런데 본문에 보면 예수님은 성령님의 능력을 받으라고 하지 않고 그 능력을 입으라고 명하십니다. 이는 우리가 성령님의 능력을 소유하는 것이 아니라, 성령님께 사로잡힌 자로 살아야 한다는 것을 의미합니다. 여기서 '입다'는 헬라어로 '엔뒤오'(ἐνδύω)라 하는데, 이는 '입다, 의복을 걸치다, 스며들다'라는 뜻입니다. 성령으로 입혀지는 것은 성령님께 스며든 상태를 말합니다. 완전히 사로잡히는 상태를 의미합니다. 성령님께 푹 빠져 있으라는 것입니다. 성경은 이것을 '성령 충만'이라고 표현합니다. 술에 취하면 술의 지배를 받듯이, 우리는 성령님의 인도하심을 받고 그분의 감동하심을 따라 살아야 합니다. 성령께서 새로운 회복을 완성하십니다. 성령께서 새롭게 하십니다.

> "우리를 구원하시되 우리가 행한바 의로운 행위로 말미암지 아니하고 오직 그의 긍휼하심을 따라 중생의 씻음과 성령의 새롭게 하심으로 하셨나니"(딛 3:5).

인생이 새롭게 회복되기를 원한다면 성령 충만해야 합니다. 돈과 욕심과 자존심에 충만한 대신 성령 충만해야 합니다. 성령으로 충만해야 성령님이 환경을 초월하고 한계를 넘어 일하십니다.

새로운 회복을 완성하시는 성령으로 충만하십시오. 그러기 위해서는 온전한 예배자가 되어 성령님을 깊이 만나야 합니다. 성령님의 충만한 임재를 경험하기 위해 함께 기도해야 합니다. 양육을 통해 성령님에 대해 계속 배워 가야 합니다. 특별히 본문을 보면 주님은 이렇게 명령하십니다.

"너희는 위로부터 능력으로 입혀질 때까지 이 성에 머물라 하시니라"(눅 24:49).

'머물다'는 헬라어로 '카디조'(καθίζω)라 하는데, 이는 '머무르다' 또는 '기다리다'라는 뜻입니다. 오순절 날 임하시는 성령님을 기다리라는 말씀입니다. 성령님이 임하실 때까지 간절한 믿음과 갈급한 마음으로 기다리라는 의미입니다. 성령님이 새로운 회복을 완성시키시기 때문입니다. 그래서 우리는 성령님께 민감하고, 성령님의 시간표대로 움직이기 위해 매일 하나님과 교제해야 하는 것입니다.

▼

우리가 예수님으로 시작하는 새로운 회복을 기대하고, 새로운 회복을 완성하시는 성령님으로 충만해야 하는 이유가 무엇입니까? 새로운 회복의 증인이 되기 위해서입니다.

"또 그의 이름으로 죄 사함을 받게 하는 회개가 예루살렘에서 시작하여 모든 족속에게 전파될 것이 기록되었으니 너희는 이 모든 일의 증인이라"(눅 24:47-48).

여기서 증인은 두 부류로 나뉩니다. '사실적 증인'과 '신앙 고백적 증인'이 그것입니다. '사실적 증인'은 예수님 당시 예수님을 실제로 보고 경험한 자들입니다. 반면에 '신앙 고백적 증인'은 자신이 믿고 있는 복음과 예수 그리스도의 부활에 대해 증언했던 사람들, 믿음 이후의 변화된 삶을 증거했던 사람들입니다. 우리는 신앙 고백적 증인이 되어야 합니다.

나 홀로 신앙생활하는 것은 '종교 활동'에 불과합니다. 위로부터 성령의 능력을 입고 예수님이 새로운 회복의 시작임을 증거하는 이가 참 제자요, 진정한 그리스도인입니다. 믿음의 사실을 보여 주는 예수의 증인이 되십시오. 사랑의 사실과 은혜의 사실을 보여 주는 예수의 증인이 되십시오.

이제 새로운 회복의 시간입니다. 믿음, 예배, 섬김을 회복하십시오. 진정한 회복은 예수님으로 시작되고, 새로운 회복은 성령님께서 완성하십니다. 새로운 회복의 경험에서 더 나아가 새로운 회복의 증인이 되십시오.